小さなチカラで
大きなシゴト

甲野善紀と甲野陽紀の
不思議なほど日常生活が楽になる
身体《からだ》の使い方

日常動作を
磨く
77のコツ

はじめに

甲野陽紀

身体を起こす、立ち上がる、座る、歩く、走る、何かを持つ…考えてみれば、朝起きて夜眠るまで、わたしたちは「**こんなに身体を動かしているの?!**」とびっくりするぐらい身体を使っています。こうしたふだんの動作は、「だれでもできる同じような動作」と思われていますが、「さて、それは本当でしょうか？」というところが、実は本書のはじまりです。

たとえば、「正座をしてお辞儀をする」という日常動作。これは日本ではお馴染みの「あたりまえの」動作ですが、本書で紹介している身体の使い方で試してみると、背中に乗った大人二人を簡単に払いのけてしまうぐらいの力が出る「不思議な」動きに変わってしまうのです（P40で紹介しています）。興味深いのは、この動きを生み出す力は何か特別な訓練によって培われたものではなく、身体の中にもともと備わっていた力だということです。

このように身体が本来もっている「**不思議な力**」を「**日常生活をもっともっと楽にする**」ために活かしてみたい、というところから、前著にあたる『武術&身体術』が生まれ、おかげさまで、さらに本書の構想へと発展することになりました。

前著に引き続き、日頃から日常動作の研究をしているわたくし甲野陽紀と、武術家の甲野善紀が本書の案内役を務めますが、ふだん武術に馴染みのない方の中には、「**なぜ武術と日常動作がつながるのか?**」と疑問に思われる方もいるのではと思います。武術の枠を超えて活動している父・甲野善紀をご存知の方には説明するまでもないことだと思いますが、一般的には「武術は人と闘うための身体技術」という印象がありますから、その疑問も当然だと思います。

わたしも以前はそう考えていたのですが、父を通して武術の世界を垣間見ているうちに、「武術は状況に対応するための身体技術を幅広く研究するもの」という理解にだんだんと変わってきました。

武術が必要とされる危機的な状況には、人と対する場面だけでなく、思わぬアクシデントや自然災害なども含まれるという幅広い解釈をわたしはしています。

さまざまな状況に対応する身体の技術が武術とするならば、台風が来るとなったらあらかじめ雨戸を閉めておくことや、重いものをどうやって楽に早く運ぶか、というようなことも広い意味で、武術といえます。そして、それはそのまま日常生活の技術にもつながってくるのです。

そんな意味合いから、本書では、武術も日常動作術のひとつとしてとらえ、刀や手裏剣などのいわゆる歴史ある武具を使った技から、包丁の研ぎ方などの日常生活の技術までを、幅広く紹介しています。

こうして多岐にわたる場面に役立つコツを集めてみたところ、77個と盛りだくさんになりました。DVDにのみ収録している動きもありますので、実際はもっと多いでしょう。これなら家事だけでなく、仕事や趣味の場面でも活かしていただけるのではと思いますが、役立つのは単に「楽に身体を動かす」ことばかりではありません。

「**ふだんの動作が変わってくると、考え方や生活そのものまで変わってくる**」、というのがわたしの実感です。さらに深く読み込んでいただける方には、生き方にも通じるヒントも見えてくるかもしれません。

さて、本書で紹介している身体の使い方のコツを、日常生活に実際に応用してみようというとき、ぜひ注目してほしいことがあります。

それは動きと合わせて紹介をしている「**注意の向け方**」です。指先であったり、周囲の空間であったりと、注意を向けるところはさまざまあるのですが、動くときにどこに注意を向けるかによって、身体のラクラク感やしっかり感が大きく変わってくるのです。同時に身体の内側にある感覚も変化します。こうした感覚の変化も一緒に体感してもらうと、**身体の使い方を工夫することのおもしろさ**、醍醐味をより深く味わっていただけるのではないかと思います。

どんなときにも身体はみなさんと一緒です。わたしにとって身体は、「誰よりも身近な〝相談役〟」です。みなさんにも本書をきっかけに、身体をより身近な存在として感じてもらえたら、と願っています。わたしたちの身体は、実は**もっともっと不思議なほど楽に動くことができる**可能性に満ちているのですから。

「からだ」の表記について／「からだ」という言葉の書き表し方はいくつもありますが、読みやすさを考えて、本書では、本編を「カラダ」という表記に統一し、わたしがふだん親しんでいる「身体」という表記は、本の題名と「対談」「はじめに」「あとがき」に限定して用いました。どうぞご了承ください。

もくじ

甲野善紀と甲野陽紀の

縁あって親子対談　その一

「あなたを〝後継ぎ〟のように言う人がいるけれど、むしろわたしには、まったく予想外のことだったんだけれどね…」

武術における動きと、日常における動き。研究者として扱う動きの対象は異なりながらも、「人間の身体が本来的に持つ、動作道理の探求」という地平では、共通する視点と理解を持つ著者のお二人です。

さまざまな専門分野のプロも強い関心を寄せる、その独特の発想の背景にあるもの、動きを生み出す内的感覚のこと、親子の関係について…著者のお二人が語り合う貴重な〝対談〟を、誌面とDVD（特典映像）でご紹介します。

お二人にとっては〝はじめての親子対談〟にもなります。

どうぞお楽しみください。（編集部）

○

善紀　親子で身体技術の研究をしているから、あなたのことを、〝後継ぎ〟というような言い方をする人がよくいるけれど、そんなことはぜんぜんなくてね、むしろわたしには、まったく予想外なことだったんだけれどね。

陽紀　「まさかこうなるとは」というのはわたしも同じ（笑）きっかけになったのは、高校卒業後に、武術家・甲野善紀の付き人を約二年間つとめたことではあるんだけれど、あの頃はワザらしいこ

「その意外な気持ちはわたしも同じ（笑）。
実際、甲野善紀の付き人時代は、
ワザらしいことは何もできない〝付き人〟だったから…」

とは何もできない付き人だったから。いまでも思うのは、ワザもできない、講習の手伝いもできないような、そんな息子が付き人として同行するというのは、父親としてどうだったのかなあ、役に立ったんだろうか、と。

善紀　いや、役に立つも何も、わたしにとっては、いちばんやりやすいことだったから。

陽紀　ワザは関係がなかった？

善紀　そんなことは考えたこともない、というか、付き人をしてくれていた頃も、あなたはもっと違う分野の仕事をするんだろうと思っていたんですよ。

陽紀　実際に演劇の裏方の仕事をしていた時期もあるしね。

善紀　いまでも、これ（身体技術の研究）はこれでやっていくだろうけど、出会う人との縁によってはぜんぜん別のことを仕事にすることもあるだろう、と。身体の技術はいろんな分野と関わることだから、人との出会いによっていろんな方向に広がっていく可能性がある。そういう意味では、よい経験をしていると思っているけれどね。

結論は出なくていいから、人が生きる上でいちばん大切なことを真剣に考え続けてほしいと思っていた

甲野善紀

親として子に託したかったこと 子として受け取ったこと

陽紀　仕事のことは子どもなりの道を歩めばいい、と。それが親の考えなんだな、とはわかっていたけれど、一方で、これだけは譲れないという考えがあることも子どもなりに理解はしていたと思う。

　何か悩みごとがあって相談していると、いつのまにか、「人が生きるとはどういうことか」という話になって、話をしているうちに、自分のいまの悩みなんて小さなことだったんだ…と思えてきた、というようなことはよくあった気がする。いま振り返って、親として子に「これだけは伝えたかった」ことがあるとしたら…？

善紀　いまの時代に起きているいろんな問題の原点にあることは、「人が生きるとはどういうことか」という問いに本気で向き合って、そこに自分なりの答えを探求している人が本当に少なくなってしまった、ということでしょう。

　自分なりに考え抜いた「こうあるべき」という信念があれば、たとえば子どもが学校でいじめにあって、学校に行きたくない、と言ってきたとしても、「キミはキミの人生を生きればいいんだ、学校に行きたくなければ行かなくいい」ということを、はっきりと言えるはずだけれども、そういうことを本当に自信を持っていえる親がいまはすごく少ない。

そもそも、いじめというのは、強いものを残そうという生物としての本能の現れだから、「いじめをなくしましょう」と言っている人のカラダの中にも、それは組み込まれている。そういうだれの中にもあるものに対して、〝臭いものに蓋〟をするような対処をしても、根本的な解決にならないのに、その場しのぎが蔓延してしまっている。というのは、やはり、人が生きることの本質について、本気で向き合って考えている人が少ない、ということでしょう。

だから、結論は出なくてもいいから、人が生きるとはどういうことか、ということを、たえず真剣に考えることが人としていちばん大切なことだよ、と。このへんのことが少しでも伝わってくれればいいかな、とは思ってきたんだろうね。

何か相談ごとをしていると、いつのまにか、「人が生きるとはどういうことか」という話になっていた…

甲野陽紀

「カラダの動きの本質的なところを見ている、という点は父と共通するところ。だからなのか、ぜんぜん違う角度で、違う見方で研究していたはずが、似たような時期に同じような発見をしていた、ということも、よくあります」

「親子だけれど、身体技術の追求の方法はどこが共通しているかわからないぐらい、まったく違う。わたしがまったく考えないようなことを考えていたりするので、いまも大事な術理のいくつかは彼からヒントをもらっているのです」

陽紀　その「親としてこれだけは」という気持ちは、子どもながらにいろんなところで感じていたことだと思う。

あるとき、何がきっかけだったか、「もし、あなたに何かあったら、たとえ殺人をしてでも守るから」と言っているのを聞いて、（これは大変だ、お願いだから自分にそういうことをする人間が出てこないでほしい。出てきたら、父親が殺人者になってしまうから…）と、祈るような気持ちで思ったこともある（笑）。

善紀　そんなこともあったかね（笑）。

陽紀　そこまでの覚悟を持った人が家の中にいる、ということを日々感じて過ごしていた、ということは大きかったと思う。親の背中を見て育つ、ではないけれど、言葉だけでは伝えられない何かが伝わったと思っているから。（P82に続く）

第1章 カラダは自在に動くようにできている

自分のカラダが持っている力のこと。

感じたこと、ありますか？

「カラダを動かすのが小さい頃から苦手で…」

「最近カラダを動かすのが億劫に…」

そんな人にも「カラダの力」はちゃんとあります。

その力を引き出すための、だれにでもできるコツ。

一緒に研究してみましょう！

「自在に動くカラダ」の研究

「自在に動く力」を目覚めさせるのは「手形の力」！

小さな子どもは教わらなくても「自在に動く」カラダを知っている

アスリートの機敏さや軽やかさ、踊りの名人の隙のないなめらかな動きなど、自在さを感じさせる動きはいろいろありますが、「状況に対応した動きができる」というのも自在さのひとつです。

たとえば、小さな子どもは転びそうになると、だれに教わったわけでもないのにとっさにしゃがみ込む動きをして、転んだときの衝撃をやわらげようとします。これこそカラダが本来持っている「自在な力」なのだと思います。

ところが、大人になると、過去の経験からくる恐怖感や習慣などが邪魔をしてなかなかこうはいきません。転びそうになると、子どもとは反対にカラダを固くして（動きを止めて）身を守ろうとしがちです。しかし、これでは「地面に落下

「なんとなく駆け下りてみた」とき

足の運びに任せるように「なんとなく」駆け下りていくと、スピードへの警戒心や足元を不安に思う気持ちから、上体に力が入りやすくなります

こぢんまりとした動きに…
カラダに不安定感があるので足の運びが小さくなる。これではスピードも出ない…

上体に力が入り始めると肩があがってきます。こういう姿勢では長い時間楽に走ることはむずかしい…

目線が足元の芝生へ向かっているため、上体もそのぶん前に傾いてきます

「よく動くカラダ」には
手の力が活きている!
踏み出しも軽やかで、
歩幅も広がった!

「手の形を気にかけて駆け下りてみた」とき

右手だけ「パーの手形」に変えてみると、それだけで体感としてカラダのつながりがよくなったように感じられるはず。その「つながった感じ」がカラダの姿勢そのものに大きな影響を与えることになります

カラダ全体で斜面をとらえているので、スピードをあげようと思えば自在にできる状態

目線が足元から駆け下りていく先へと変化。目線が変われば、おのずと上体の傾きも変わってきます

手の形がぼんやりしていると、動きも小さくなります

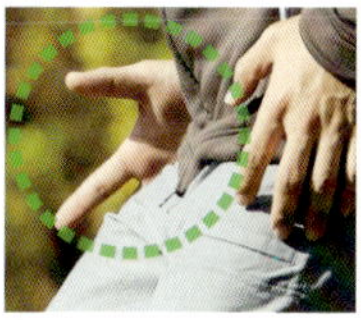

「パーの手形」がカラダ全体の一体感を引き出します

する物体」になるようなものですから、かえってひどい転倒になってしまうことも多いのです。

磨けばカラダ本来の力も戻ってくる。まずはグーとパーの手形に注目!

わたしたちのカラダには、長い間の習慣や思い込みといった〝曇り〟がたまっていて、そのために、小さな子ども時代には「あたりまえだった力」をパッと引き出せなくなっているのだと思います。

でも、曇ったガラスも磨けば透明さを取り戻すことができます。カラダも同じではないでしょうか。ただ、カラダの場合は磨き方にちょっとしたコツがいります。それは、「カラダの使い方を工夫していく」ことで磨く効果が生まれてくるということ。アイデアをカラダの動きにしてみる、ということがポイントです。

「動きを磨く工夫」として、まずみなさんにご紹介したいのは「グーとパーの手形の力」です。グーとパーの手形のあるなしによって、「走る・歩くの自在さがどう磨かれるのか」。さまざまな場面でその効果を見ていくことにしましょう。

「自在に動くカラダ」の研究 実践編

パーの手形（手のひらを開く）は坂道や階段の上り下りが得意

不安定になりがちな斜面の下りでも、カラダの軸がぶれず、踏み出しも軽快に。これがパーの手形効果。カラダがしっかりすると気持ちにも余裕が生まれてきます

「パーの手形歩き」初体験の人にも効果あり？

「斜面を駆け下りる」ときに効果を発揮したパーの手形。今度はごくふつうに「斜面を歩いて下る」ときの効果を検証してみることにしました。検証にはモデル役として女性のIさんと男性のMさんに加わってもらいました。

わたしと違って二人は「パーの手形で歩く」は未体験です。はじめて体験する人にもはたして目に見える効果があるかどうか。そこにも注目しながらの検証となったのですが、結果は期待通り。

姿勢のよさ、ぐらつきのない滑らかな踏み出しは、「パーの手形効果」を十分に感じさせてくれるものでした。

その手形にした途端、パッと変わってくれるのがカラダのいいところです。滑りそう！と思ったときでも、パーの手形した瞬間にカラダは安定感を取り戻します。瞬時に変わるので、見ているだけでは不可解にも思われるところですが、このときの「しっかり感」や変化の速さは体験した人に

転びそう！と思ったら パーの手形でリカバリー！

パーの手形は一瞬でカラダのしっかり感をリセットしてくれます

上体がぐらつくと足元も不安定に。滑ってしまうのもこんなとき

前のめりにならず、三人ともほぼ同じような角度で、適度な前傾姿勢を保つことができています

パーの手形をどのぐらいしっかりつくるかは斜面に合わせて。急な上りのときはしっかりつくり、斜度が緩くなったら軽く、と臨機応変に

は説明不要なほど確かな体感だと思います。

上りの一歩を軽快にするパーの手形

続いては斜面の上りです。上りには滑って転倒！というような恐怖感はさほどありませんが、難題は一歩一歩にかかる負荷が高いこと。登山のような長い登りになるとその一歩一歩の負荷があとで効いてきます。要は、一歩の踏み出しがいかに軽快になるか、ということですが、この点でもパーの手形は有効です。

三人が歩き出す前の写真を見てください。パーの手形をしただけで、足元から頭のてっぺん、そして手の末端までがひとつにつながったような綺麗な立ち姿に見えるのではないでしょうか。

この姿勢から登りはじめると、前のめりになりすぎない、適度な前傾を保つことができます。一歩一歩の足の運びに、カラダ全体が協力できる状態でもあるので、体感として一歩がとても楽に感じるはずです。

パーの手形は両手より片手だけのほうが効果的です。カラダがぐらつく、少し疲れた、と感じたときに、思い出して試してみてください。

すっきりした後ろ姿もカラダのしっかり感を伝えてくれます

「自在に動くカラダ」の研究 実践編

パパッと駆け下りる、大股での一気の登り、ジグザグに走る… パーの手形は起伏など急な変化に対応したいときに！

パーの手形なら、踏み出す足に上体も楽々ついていく

足だけに頼ってしまうと…

踏み出した後に「よいしょ！」と、カラダを足の上に持っていく動きが必要になるので、見た目にも重苦しい動きに

パーの手形なら、踏み出す足に上体も楽々とついていきます

階段の二段、三段とびも楽々

パーの手形が効果を発揮する場面は坂道だけではありません。たとえば、階段を大股で一気に駆け上がりたいとき。大きく踏み出すことは手形の力を借りなくてもできますが、ふつうは踏み出した足の上にカラダを持っていくのが一苦労。ところが、「片手パー」なら足の運びに上体も楽々とついていきます。「カラダを上に運ぶ」動作も、「軸足を回収する」動作も必要がないので、必然的に、動きのスピードもあがります。

リズムが変化する動きも得意

リズムが不規則に変化する素早い動き。こうした動きにもパーの手形は有効です。高校時代サッカー選手だったMさんに、パーとグーの二通りの手形で検証してもらったところ、やはり「パーの手形で動いたほうが小さくリズミカルに動くことができる」という体感になりました。

実はグーの手形にもカラダをしっかりさせる効果はあるのですが、組み合わせたときプラスの効果が出る動きが違うのです。

パー（右写真）とグー（左写真）の違いは？

パーの手形ならジグザグ走りも軽々。ところが、グーの手形に変えると、同じジグザグでも「一生懸命走る感じ」に体感が変わります

リズムの安定した「歩き」「走り」をしっかりさせるのは グーの手形（手のひらを柔らかく閉じる）

柔らかなしっかり感でサポートしてくれるのがグーの手形

一刻を争うような緊急の動きにも対応できるのが「パーの手形」だとすれば、淡々と平時の動きを柔らかなしっかり感でサポートしてくれるのが「グーの手形」です。

一定のリズムで散歩するとき、軽くジョギングするとき、片手をグーの手形にしてみると、カラダのまとまり感が変わってくることに気がつくはずです。

グーをつくる強さは人によってさまざまかもしれませんが、ポイントは強すぎず緩すぎず。握るというよりは「柔らかく締める」ようにすると、全身のしなやかなつながりを引き出すことができます。カラダの力を瞬発的に引き出すときはパーの手形、ゆっくり長く引き出したいときはグーの手形。そんなふうに覚えて使い分けてもいいかもしれません。

グーの手形は一定のリズムで歩くとき、カラダに安定感を与えてくれます

グーの手形をしながら比較的ゆっくり歩いてみたとき。上体のぐらつきがなく、足の運びも大きくしっかりとしています

柔らかく閉じたグーの手形で走っているときは…

横から押されても…

ぶれずに対応できる

グーの手形は強く握りすぎたり緩すぎると…

強すぎず、緩すぎず、柔らかく締めるように握るのが理想的なグーの手形

ふだん苦しくなりがちな姿勢だからこそ、「コツ」がわかれば動きは一変。
他の動きにも応用が効きますよ

「しゃがみ姿勢」の研究

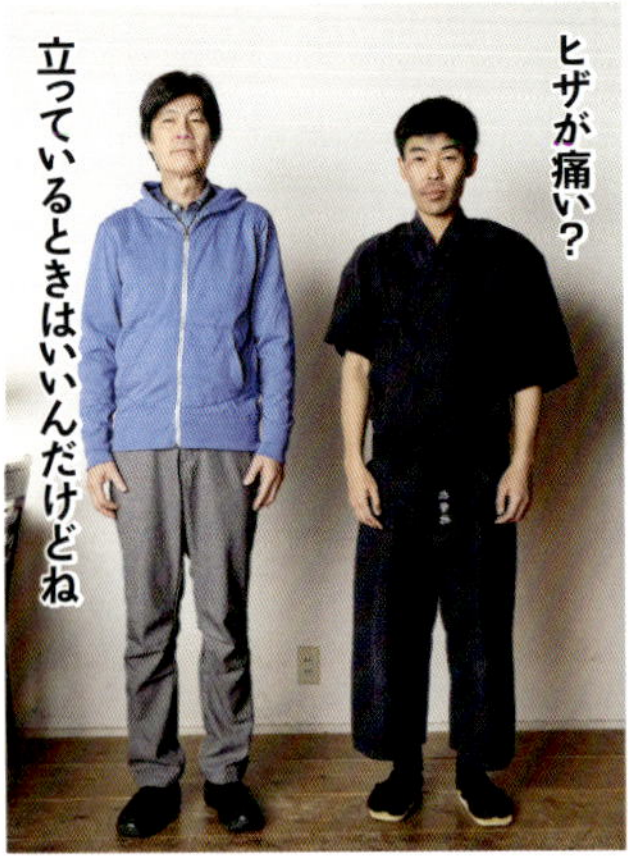
ヒザが痛い？
立っているときはいいんだけどね

カラダはひとりひとり個性的

人のカラダの個性はさまざまです。わたしの経験からいえば、その人のカラダはその人の個性そのもの。同じように見える日常動作も、人によって微妙にカラダの使い方は違います。

そんな理由から今回の本では、年齢も体型も経験も異なる方にモデル役をお願いすることにしたのですが、その中のひとりであるOさんが、スタジオに到着してからポツリとこう言ったのです。

「オレはね、しゃがめないからモデルはムリかもしれない。しゃがもうとするとヒザが痛むから」

あるとき、軽い痛みを感じたことがきっかけで、あまりヒザを曲げないような生活をしているうちに、しゃがみが苦手になったのだといいます。

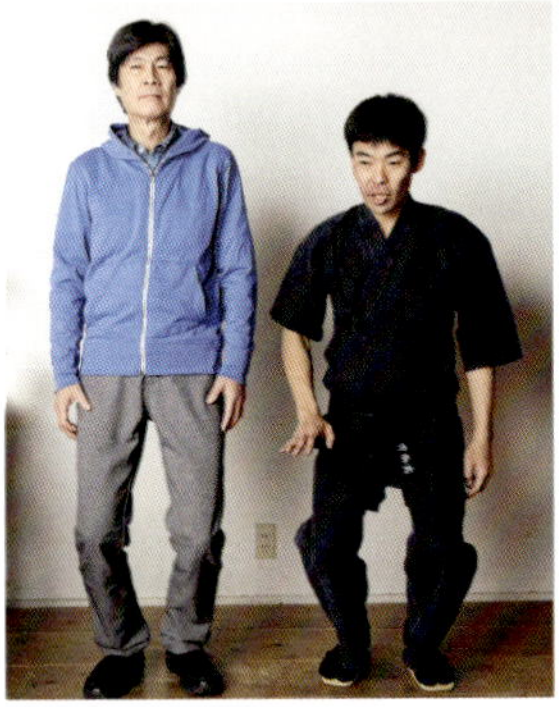
カラダは動き出しのときに痛みを感じると動きを止めてしまうので、Oさんも動き出しは慎重そのもの

いつもと違うしゃがみ方を試みてみると…

カラダの痛みはだれでも経験することですが、「動かしたら痛んだ」という過去の記憶が強く残っているために、小さな痛みにも敏感に気持ちが反応して「できない！」と思い込んでしまうこともあります。

Oさんの場合も「それに近いことなのかもしれない」と考えて、あることだけ気にかけてもらいながら、しゃがみ姿勢に挑戦してもらうことにしました。

「痛みがあるかも」と動き始めは不安を口にしていたOさんですが、動き自体に不安は感じられません。ならばと、さらに深く沈み込んでもらったところ、「だいじょうぶみたいだね」とOさん。「釈然としないなあ」という表情ですが、見

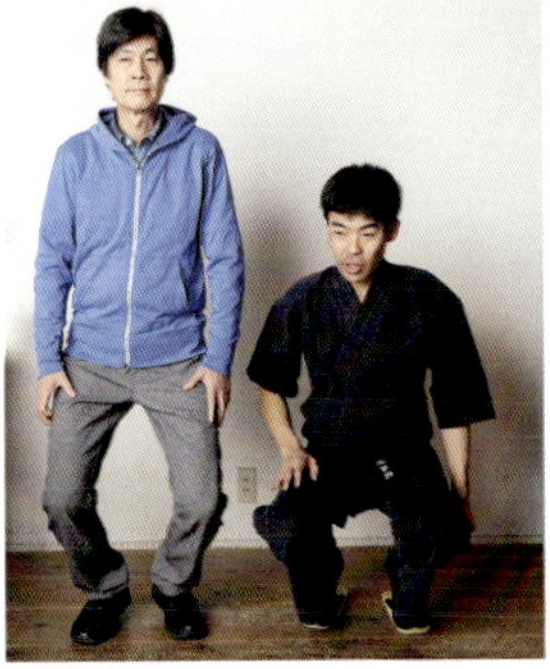
動き出しが上手にできたので、もう少し深く沈み込む動作へ。ヒザに体重をかけすぎないように、ゆっくりと

どんな感じですか？
うん、だいじょうぶだね

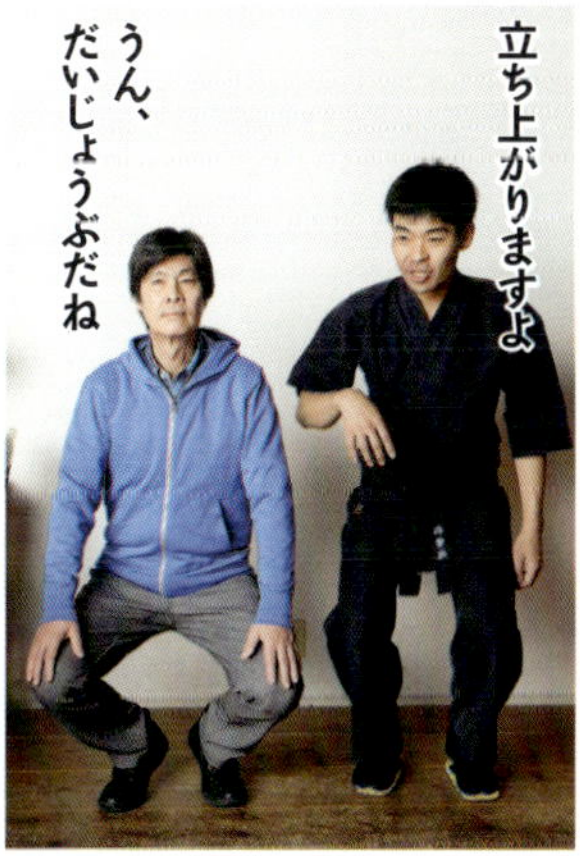
立ち上がりますよ
うん、だいじょうぶだね

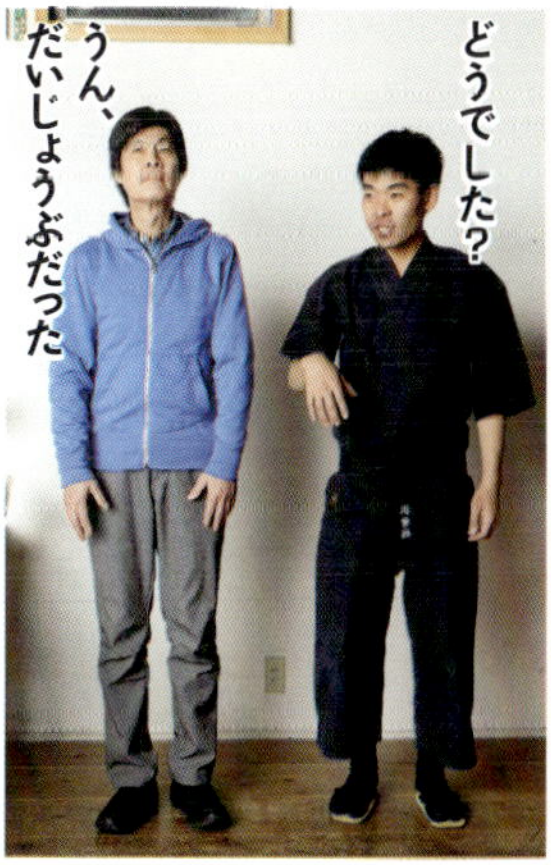
どうでした？
うん、だいじょうぶだった

事に何年ぶりかでちゃんとした「しゃがみ姿勢」をとることができた瞬間でした。

「かかと先」からの沈みこみが効果を発揮

「〝かかと先〟を気にかけながら、カラダを沈み込ませてください」……わたしがお願いしたのはこのことだけです。「かかと先」というのは、便宜上わたしが勝手に命名した「かかとのまるみの頂点にあたるところ」のこと。実際には触れないのですが、「気持ちの上では、手で触れているような感じでしゃがみこんでみてください」とお願いしたわけです。

　しゃがむ姿勢をとるとき、習慣から前かがみの姿勢をとってしまうとヒザに大きな負担がかかります。何十キロもある負荷をしゃがむたびにかけられるわけですから、ヒザとしては、たまには「痛いよ！」と抗議をしたくなるのではないでしょうか。

　ところが、「かかと先」に気持ちをおいておくと、姿勢もさほど前がかりにならず、ヒザを曲げようという気持ちも起きません。そのぶんカラダの沈み込みも早くなりますから、ヒザが負担を感じている時間も減る、ということなのです。かかと先を気にかけることで、こうした良い循環が生まれることをわたしは、「かかと先効果」と呼んでいます。

次はしゃがんだまま動いてみます？
できるかなあ…？

正しいはず、がうまくいかないときは やり方を変えてみるのもいいことです

しゃがみ姿勢が快適になったOさんの次の課題は「しゃがみ歩き」。最初、Oさんはこの課題に独自のやり方で挑戦してみたのですが…しかし、結果は写真の通りに。

骨折した足を固定するギプスと同じ役割を手に期待して、ぐらぐらしがちなヒザを手で押さえれば安定して動けるのでは?というOさんの発想、狙いとしては悪くないかもしれません。

しかし、「押さえられてしっかりする」とは逆にいえば、「固定されたため動きにくくなった」ということ。つまり、手でヒザを押さえてしまったために足は前に出にくくなる一方で、上体は変わらず前に出ようとしますから、結局前のめりに崩れてしまった…ということなのです。

こういうとき、根気と根性のある人は「できるまで練習しよう!」と思ったりするものですが、カラダは新しいアイデアにパッと反応して、瞬時に別人のような動きに変わることもよくあることです。

ダメだったら発想を変えてみる。これも日常動作術のひとつかも、ということで、閃いたのが「かかと先」の効果。しゃがみ込みのときに、ヒザにかかる負担を減らしたあの効果にもう一度注目してみることにしました。

「ヒザを手で押さえればカラダが安定する」は勝手な思い込みだった…

動きやすいと思うやり方でやってみてください

ヒザを手で押さえたほうが安定するような気がするね

でも、たまには、バランスを崩すことも…

あるわけだ…

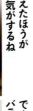

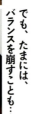

「しゃがみ姿勢」研究　「しゃがみ姿勢ずもう」

つま先立ちをしていても、気にかけたいのは「かかと先」

「つま先」から「かかと先へ」気にかけるポイントを変えてみると…

触れているところが気になってしまう…のは人間だれでも同じです。ということは、しゃがみ姿勢のときは、床に触れているつま先が気になる、つま先が気にかかると姿勢は自然に前のめりになってくる…Oさんもそうでした。

ならば、つま先とは反対の「かかと先」に注意を持ってくることで、前のめり感が消え、上体が安定する。その安定感から足も踏み出しやすくなるのではないか。そんな仮説をもとに、「かかと先」効果を検証したのが下の写真です。

Oさんにはわたしの腕をとって「かかと先」を気にかけながらただ前に出る、という「しゃがみ姿勢ずもう」のような動きをしてもらい、わたしはOさんに押されないようにこらえる約束だったのですが、結果はOさんの圧勝。

「つま先」から「かかと先」へ。気にかけるポイントを変えただけで、動きがここまで変わるということはつまり、カラダにはもともとこれだけの力が備わっている、ということなのです。

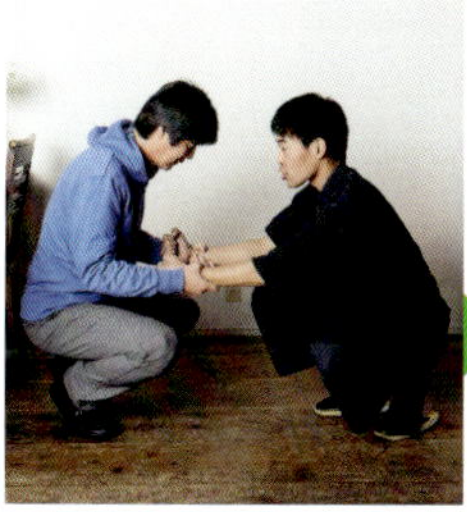

ポイントは「かかと先」だけを気にかけること。カラダはひとつの目的に向かっていいるときにいちばん力を発揮します。「かかと先」と「つま先」の両方を気にかけた途端に、前に進む力が弱くなります

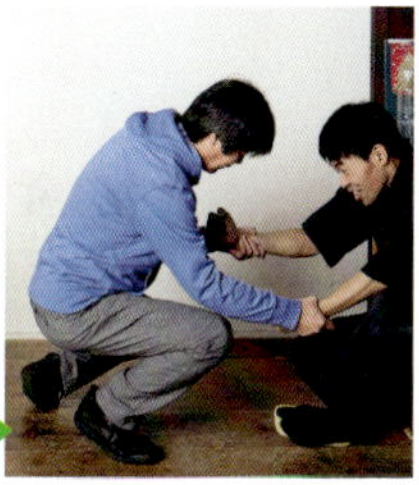

前にただ歩くにも苦労していたOさんですから、「相手を押しながらしゃがみ歩きなんてできるの?」と、半信半疑の挑戦だったはずですが、この時点でもう「カラダが変わっていた」ことは、腕をとられているわたしがよくわかっていました

これなら草取り姿勢もらくらく!

最初はしゃがむだけで不安そうだったOさんが仮想草取りを楽々こなすまでに

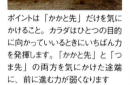

「しゃがみ姿勢」「ヒザの表裏の感覚を活かす!」

「しゃがみ姿勢」をラクにするもうひとつのコツ ヒザの表裏の感覚を活かす!

ヒザの表と裏 それぞれ得意分野があるのです

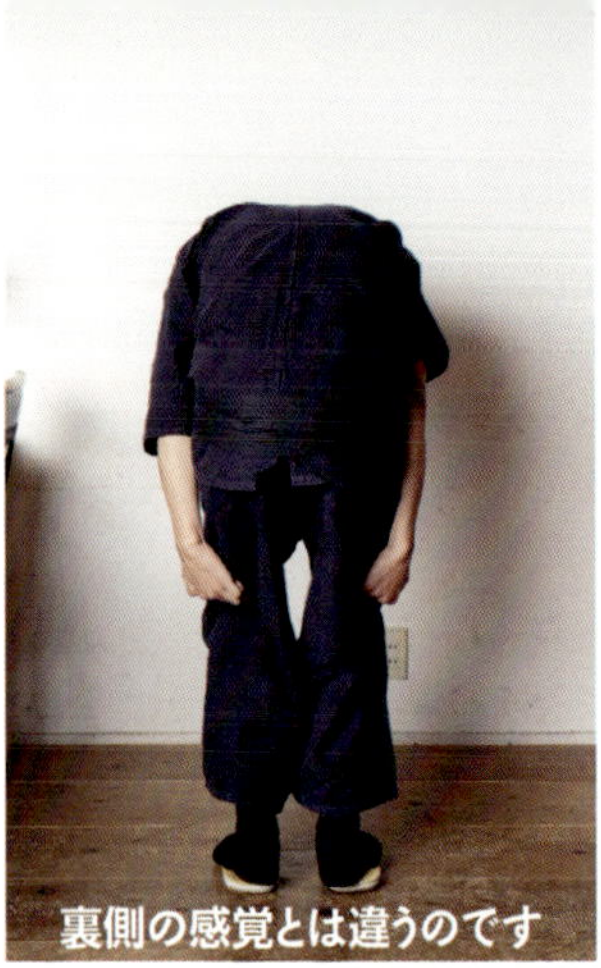

ヒザのお皿の反対側を「ヒザの裏側」と考えます。この裏側を「気持ちで触れてみた」感じを「ヒザ裏を気にかけた」と表現しています。ヒザ裏感覚はしゃがみ姿勢のときにも役に立つ大事な感覚です

ヒザのお皿側を「ヒザの表側」と考えます。表か裏か、どちらの感覚になじんでいるかは人によって違うようです。ふだん表感覚を使って動くことの多い人はカラダに負荷をかけた動きになっているかもしれません

カラダを研究すればするほど気づくこと

「カラダの使い方の研究」というのは、街の中を縦横に走るたくさんの道筋から、目的に合った道筋を見つけ出すことに似ているところがあります。

遠回りでも景色のよい道を歩きたいと考える人、近道がいちばんという人…目的とその人の経験によって道筋のとり方は変わってきますが、その街を知れば知るほど、選択できるルートの数は増えていきます。同じように、「カラダの使い方」も「カラダ」のことを知れば知るほど、いくつものルートがあることに気づかされるのです。

意外な力を秘めているヒザの感覚

しゃがみ姿勢を自在にするための〝ルート〟も、実は「かかと先」だけではありません。

「ヒザの裏側がもつ感覚を活用する」という〝別ルート〟があります。

ヒザの表側と裏側には動きの安定感と関係するわたしが注目するポイントがあるのです。とくに、ヒザ裏の感覚は、日常動作に多いヒザの曲げ伸ばしをする動きに〝不思議なほど〟の安定感を与えてくれます。

そんなヒザ裏の感覚の力を体感できる動きのひとつが、この「しゃがみ姿勢」なのです。

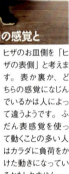

気にかけ方によって立ち姿勢はこんなに変わります

ヒザの表感覚は

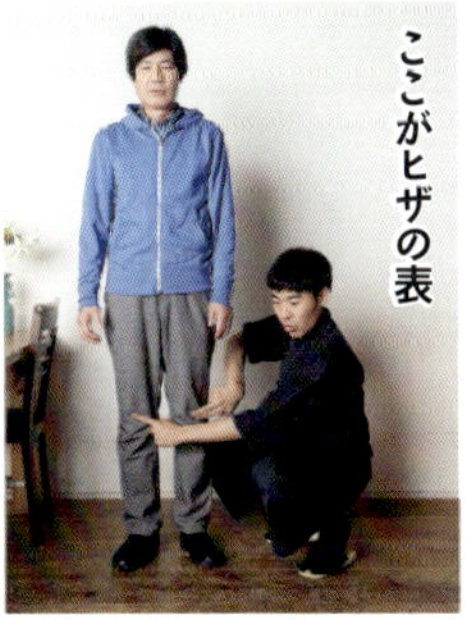
ここがヒザの表

腕をとって下に引くと

簡単に崩れますね

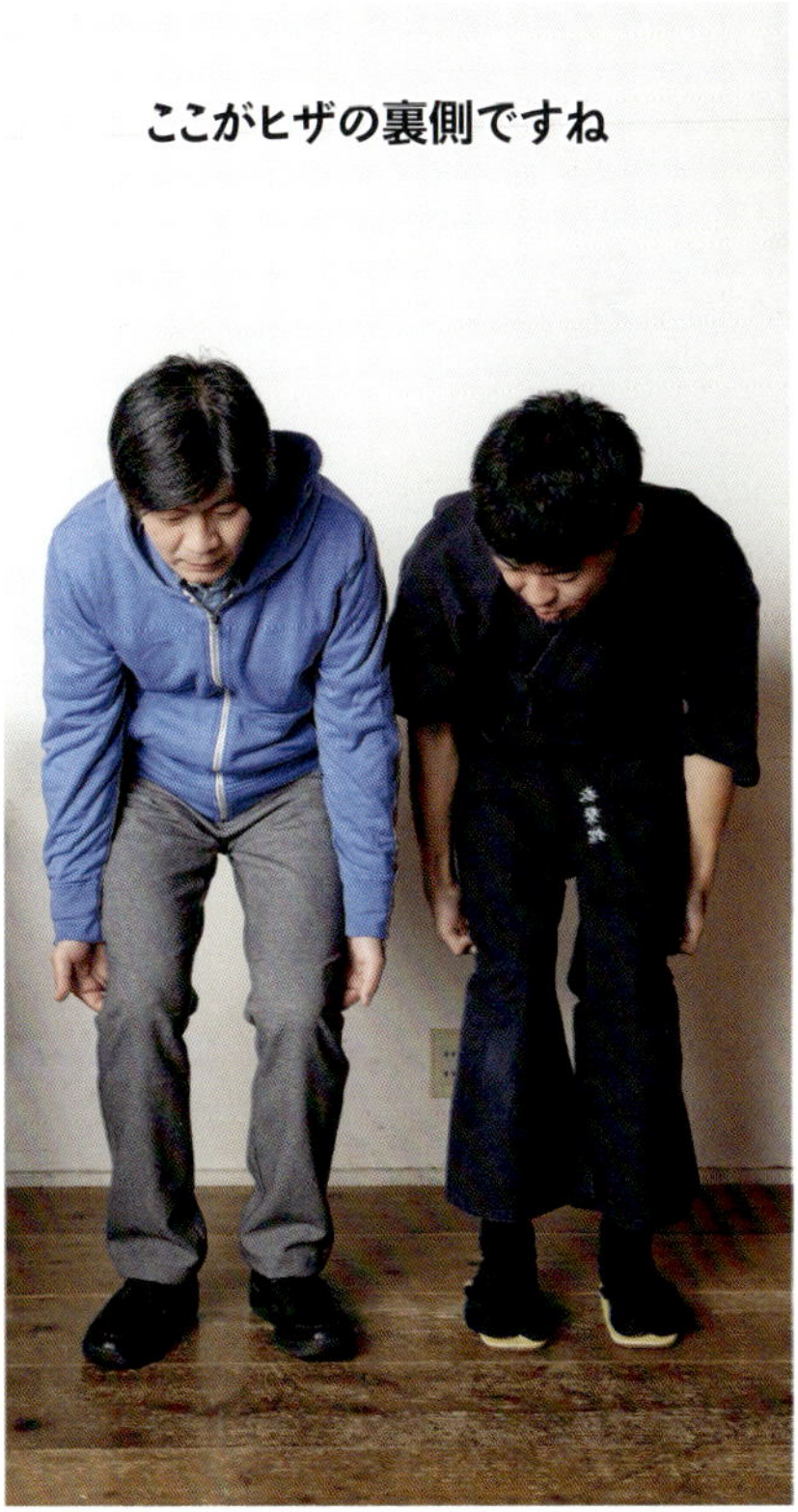
ここがヒザの裏側ですね

ヒザの裏感覚は

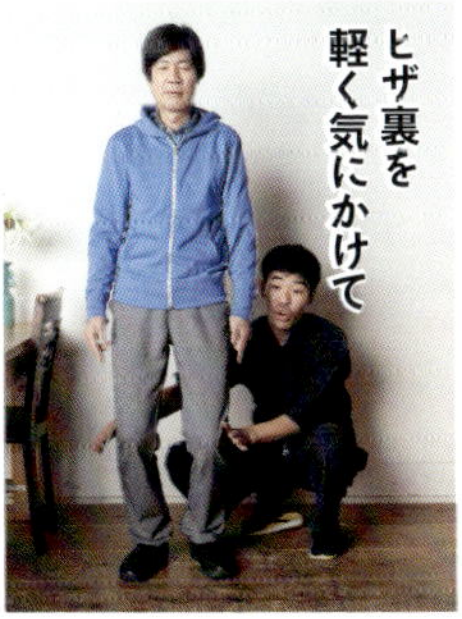
ヒザ裏を軽く気にかけて

腕を下に引っ張ります！

もっと強くいきますよ！

ヒザ裏を気にかけただけでこの違い！

「みなさんはふだん、ヒザの表か裏か、どちらの感覚を優先してしゃがんだり立ったりしていますか？」と、講座などで聞くと、はじめての方は戸惑うようですが、何度かしゃがんだり立ったりしているうちに、「自分はこちら」という答えがはっきりと返ってくるようになります。

モデル役のOさんも、はじめての体験でしたが、すぐに感覚をつかんでくれました。上の写真によく表れているように、その違いは歴然。

こんなに違うのは脚力も加勢しているのでは？と疑問に思われた方はぜひ、検証してみてください。びっくりされるかもしれません。次項で紹介するように、このヒザ裏の感覚がしゃがみ姿勢でも強い味方になってくれるのです。

しゃがみ歩きには「ヒザ裏感覚」が効果あり！

ヒザの表感覚と裏感覚の違いは、「しゃがみ姿勢ずもう」をしてみるとよくわかります

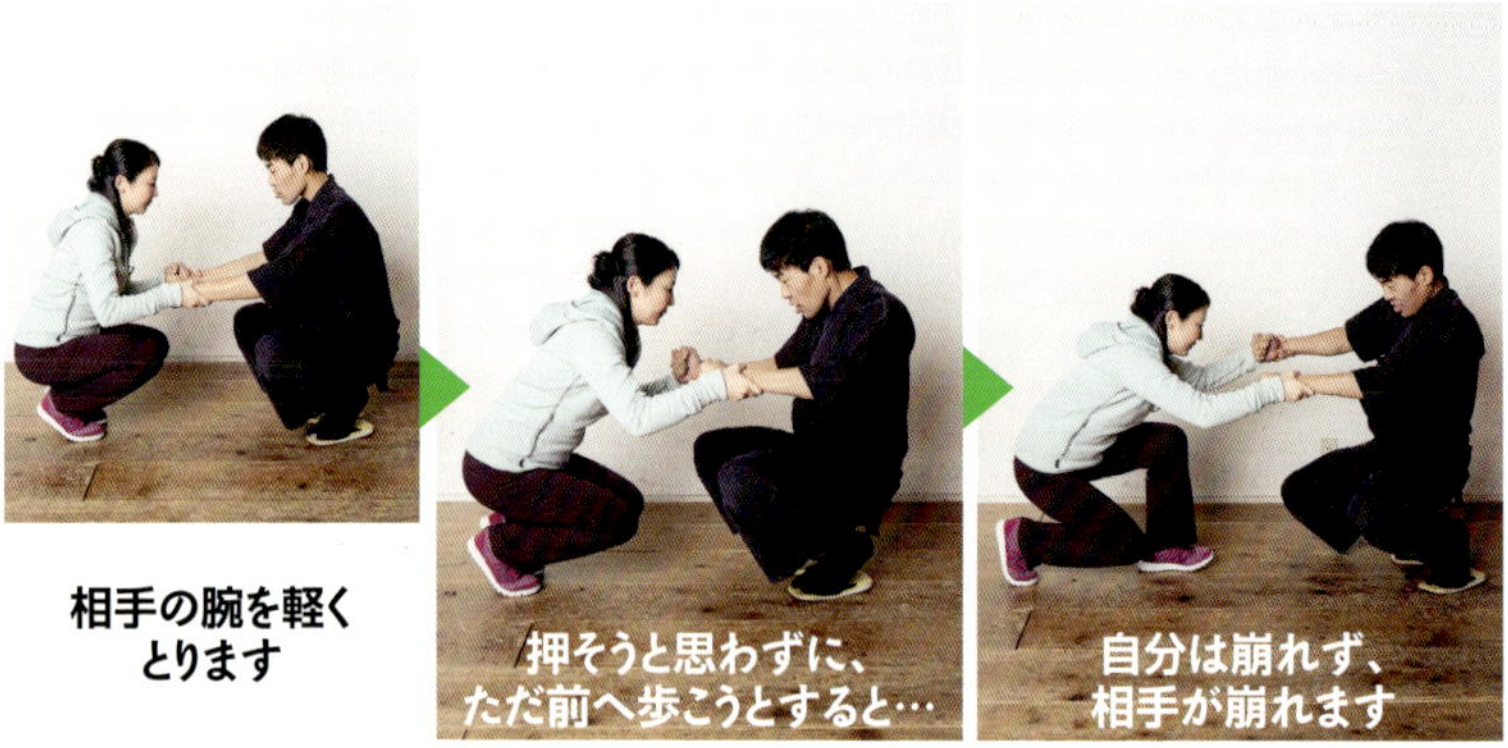
押そうと思わずに、ただ前へ歩こうとすると…
自分は崩れず、相手が崩れます
相手の腕を軽くとります

カラダ全体の力を引き出す「ヒザ裏感覚」

ヒザ裏感覚を活かしたしゃがみ姿勢。その〝しっかり感〟をIさんに検証してもらったのが上の連続写真です。

しゃがみ姿勢をとるとき、なにげなくやると、腰をかなり折り曲げるような力ラダの使い方をしてしまいがちなのですが、「気持ちの中だけでヒザ裏に触れるように」して沈み込んでいくと、軽く前傾した姿勢のまま（上半身と下半身の間につながりが保たれている状態で）しゃがみ姿勢をとることができます。これはつまり、カラダ全体の力を使える状態にある、ということです。

単純な力勝負なら、Iさんの押しにわたしもなんとか対抗できたと思うのですが、「ヒザ裏感覚を活かしたしゃがみ姿勢」の威力は写真が語る通り、強力です。

この「しゃがみ姿勢ずもう」、有利に進めるもうひとつのポイントは、「押そうと思わずに前にただ歩こうとする」ところにもあるのですが、それができるのも、〝ヒザ裏効果〟が活きているから。ヒザ裏を気にかけないしゃがみ姿勢では、一歩足を踏み出すことも実はむずかしいのです。つまり、ヒザ裏感覚を活かすことで、Iさんはカラダ全体の力を引き出すことができた、というわけなのです。

気にかけることは「ひとつ」だけ

ということは、かかと先とヒザ裏の両

ヒザ裏か、かかと先か。ひとつを選んだとき

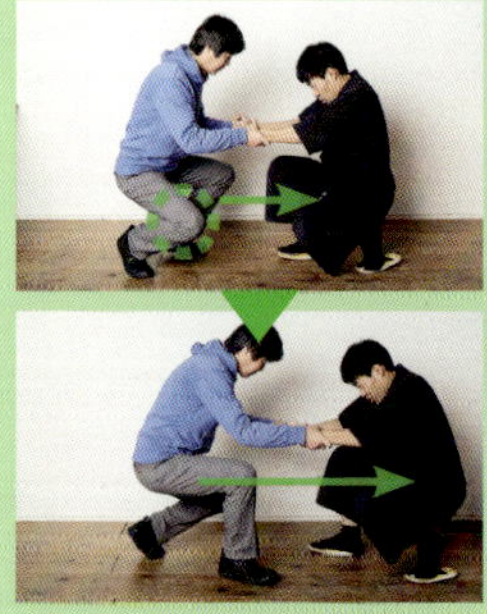
かかと先でもヒザ裏感覚でも自在に動けるようになったOさんに「どちらかひとつを気にかけてください」とお願いしたときの動き。どちらの場合も見事な安定感を発揮してくれました

ヒザの裏感覚を活かしてしゃがみ姿勢をとってみると…

ここがヒザ裏ですね

ヒザ裏に気持ちの中でだけ
触るような感じで沈み込んで

しゃがみ姿勢をとります

ヒザの裏感覚が活かされていないしゃがみ姿勢の場合

足で踏ん張りながら
押そうとしてしまうので

押そうと思って
いるのに…

自分が崩れて
しまうのです…

足を踏み出そうにも出せない…というのがこの場面でのIさんの体感だったと思います。腕で押そうとすると当然、足は踏ん張りますから前に出ません。逆に足を出そうとすると腕には力が入らない、ということに

方を気にかけたらすごいことになるのでは…と、〝いいとこ取り〟したくなるのが人間です。そこで、撮影中に二つのコツの要領を体得したOさんに、そんな〝いいとこ取り〟ができるのかどうかを検証してもらいました。結果は古言が教える通り、「二兎を追うもの一兎をも得ず」となりました。このことは、ヒザ裏、かかと先に限りません。「注目するところはひとつに」というのが、カラダがわたしにいつも教えてくれることです。

その教えの通り、「ひとつをとらえた」ときのカラダは実に見事な働きをしてくれます。これはぜひみなさんにも実感していただきたい〝カラダの法則〟です。

二兎を追うものは…

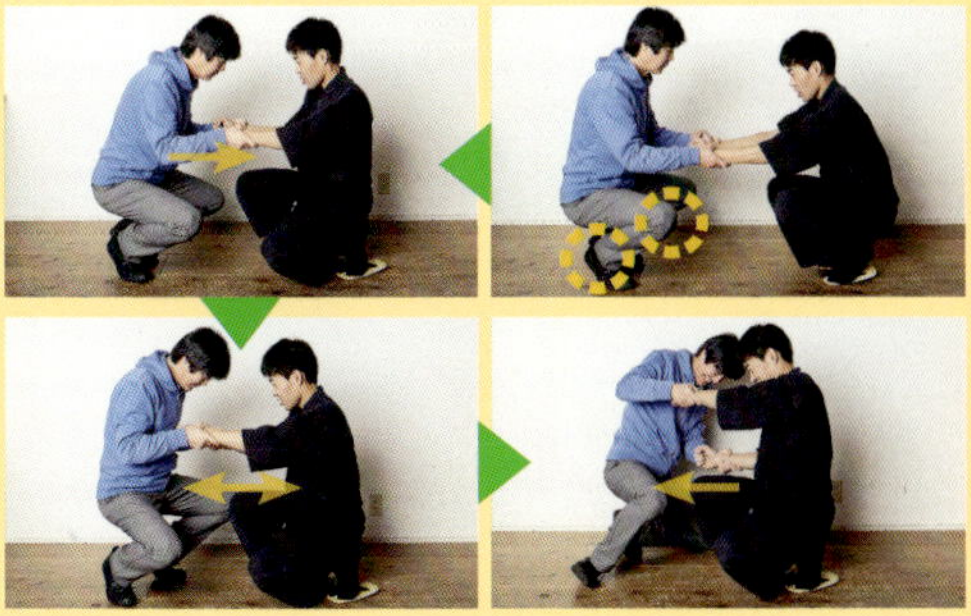

ところが、「かかと先感覚」と「ヒザ裏感覚」の両方を気にかけた途端、ふたたびカラダは別人に。安定感、推進力とも激減。二兎を追うものは一兎をも得ず、ということわざがありますが、それはカラダの使い方においてもいえることなのです

しゃがみ姿勢の研究 実践編「草取り」

「苦しい草取り」を「楽しい草取り」にする方法

横から押してもらうと、
草取り姿勢の〝しっかり感〟がよくわかります

押されたときに崩れてしまうのは、カラダ全体がつながりあったひとつの姿勢になっていないということ。こんなときこそ、「かかと先」や「ヒザ裏」「指先」に注目しましょう

「草取りが苦手なのですが…」

草取りが楽にできるコツを教えてください、という質問をいただくことがよくあります。

ここまで読んできていただいたみなさんにはコツはもう手の内に入っているかと思いますが、「草取り」の実践をしながら、改めてポイントを整理してみることにしましょう。

① しゃがむ前に「かかと先」か「ヒザ裏」に注目を置いてみる

しゃがみ込む前、立ち姿勢のときに「かかと先」か「ヒザ裏」のどちらかひとつに注目してみてください。両方をいっぺんに注目すると、しっかり感は弱くなりますので、その点だけ気をつけてください。

注目はほんの一瞬で十分です。「気持ちの中でだけ触れてみる」という感覚が、わたしのいう「注目する」という意味合いです。

② 手の動きは「指先から」

草を取るという仕事は手の担当ですが、このとき心がけていただきたいのは「指先」から動く、ということ。

指先や足先のような末端から動くことによって、カラダ全体がぱっと霧が晴れたようにしっかりしてきます。

草を取るときは、「指先から動く」とカラダの安定感が違います。指先は爪の先と指の腹の間の丸みを帯びた部分を指します

「かかと先」に直接触れてみるのもカラダに安定感を取り戻す方法のひとつです

「カラダのしっかり感はどうかな…」と考えているので手が休んでいます。動くときはアタマを休ませる、というのもカラダを軽快に動かすコツのひとつです

同じような姿勢をとり続けていると、カラダの一部に負担がかかって安定感がなくなってしまうこともあります。疲れや姿勢の苦しさはそのサインですから、そんなときは直接、かかと先に触れてみてください。靴の上からで軽く触れるだけで、安定感がリセットされます

かかと先は、わたしが命名した「かかとの丸みを帯びたところ」のこと

③ 動くときは「行きたい方向にただ向かうこと」

「しゃがみ姿勢ずもう」の場面を思い出してください。相手を押そうと思わず、前にただ出ることをしたときのほうが楽々相手を押せたのは、足だけに頼らずカラダ全体で動いていくことができたからです。

草取りも同じです。「カラダが重いなあ」と感じたら、「かかと先に触れる」「指先から動く」をもう一度確認してみてください。その上で、動き出すときは「行きたい方向にただ向かうこと」。それだけで動きはずいぶん軽く感じるはずです。

④ 「ひとつ」のことだけを気にかける（注目する）

「あれこれたくさんのことを同時にしようとしない（考えない）」ということは、草取りだけでなく、どんな動作のときにもいえる大事な〝カラダの法則〟です。「ひとつ」を気にかけたときにカラダはすっとまとまって、快晴の夏空のようなすばらしい動きをしてくれます。

ところが、「いまのこのすばらしい動きをもう一度やってみよう」と考えて、気持ちを「すばらしかった過去」に向けながら動き出した途端、どんよりとした曇り空になってしまうのもカラダなのです。

カラダ全体を使った しゃがみ姿勢ならだいじょうぶ

カラダは全身が柔らかなつながりを持つとき、しなやかな強さを発揮します。「かかと先」「ヒザ裏」「指先」とアプローチする入り口はいくつかあります。自分で手応えを感じるところから、ぜひ試してください

武術から日常動作術へ〜武術の技「水面走り」〜

カラダの内側で感じる感覚を活かして「走る」

いざ、というとき、的確に、その場が求める動きができるかどうか。そのことの追求が開いた「内なる感覚を活かした」新しいカラダの使い方。武術的視点からの独創的な動きをご紹介します。

「走る」を武術的な視点から独創した「水面《みなも》走り」

武術も日常動作の研究も「カラダが本来的に持っている可能性を探求する」という点においては同じ土俵の上に立つもの、とわたしは考えています。もちろん、武術の技の多くは、「だれもがすぐにできる」ものではありませんが、その発想の斬新さから生み出される動きは、日常動作を磨くヒントにもなるはず——そんなわたしの思いもこめて、本書では、武術家である父・甲野善紀の動きを日常動作へのヒントとしてご紹介したいと思います。

最初の技は「水面《みなも》走り」。

まるで水の上を走るかのような動き、という意味で名付けられたこの「水面走り」は、「内観的振動」という、カラダの内側でとらえた感覚をもとに生まれたものだといいます。この動きの狙いと、耳慣れない「内観的振動」について、まず解説してもらいました。（甲野陽紀）

○

人間は速く走ろうとすると、どうしても両足の間を寄せて走ろうとします。なぜなら左右両足を開いたままでは、重心を右足、左足と交互にかけるのに、どうしても時間がかかってしまうからです。

しかし、左右の足を開いたまま走ると、相手とぶつかりそうなとき、瞬時に身をかわしたり、いきなり動きを止めることで威力を出したりと、思いがけない働きが生まれます（もちろんそれは、両足を広げながらも普通ではない速度で走れるという状態になってからの話ですが）。

そのように、両足を開いて走るとき、ある速度を得るために必要なカラダの使い方が、鼠蹊部の辺りに「内観的振動」をかけるということなのです。

瞬時に身をかわす。急停止することで威力を出す…左右の足を開いたまま走ることで、思いがけない働きが生まれるのです

「カラダの中心で連続的にジャンプをしているような感覚」をつくりだすことで、「重心を左右交互の足に入れ替える必要がなく、よりスムーズに前に走ることができる」

「感覚によって細かい振動を起こす」理由とは？

この左右両足の間を広げたまま走るという動きは、普通に行えば、走るたびに左右の足に重心が交互にかかるため、大変走りにくいものです。この状態でスムーズに走れるようにするためには、走るたびに左右の足に重心が散らず、足をスキーのストックのような仮置き状態にする必要があります。

そのために、足の付け根の鼠蹊部の辺りに「内観的振動」という「感覚によって細かい振動を起こす」という状態をつくるのです。

こうすると、両足を広げていてもカラダの中心で連続的にジャンプをしているような感覚になるため、重心を左右交互の足に移し換えることなく、よりスムーズに前に走ることができるのです。

（甲野善紀）

武術から日常動作術へ～武術の技「水面走り」～

カラダの内側で感じる感覚を活かして「急転換する」

次の動きが察知できないから止められない

一歩踏み出せば相手にぶつかってしまうぐらいの至近距離。この近さでは、いくら動きを速くしても、踏ん張る動き方では、相手に動く方向を察知されてしまいます。しかし、「水面走り」には踏ん張るカラダの使い方がないに等しいので、動いてきた相手が次の瞬間どちらに動くのか、受け手は察知できないのです。ならば、予測して受け手が先に動こうとすると、その気配を察知した相手に逆に動きの裏をとられてしまう、ということになってしまうのです

常識を超える動きだからこそ「技」と呼ばれるものに

気配が読めない――。

これが「水面走り」を正面から受けたときの印象です。

片足で支え踏ん張る、これを一般的な走り方だとするなら、その踏ん張り感が感じられないのが「水面走り」の特徴です。虚を突かれてこちらに、「ん?」という間が生まれた瞬間、ふわりと抜き去られている…。

丁寧に写真をみると、この動きは、腰と足だけで作り出されているものではないことがよくわかります。上体をリードする手の動きは、踏ん張ったときのそれとははっきりと違います。

カラダの使い方に常識を超えた個性があるがゆえに、「技」と呼ばれるほどの動きになる。そのことを確かに納得させてくれる「技」だと思います。

（甲野陽紀）

かわそうと思うと踏ん張った動きになってしまう。しかし、それではかわせない

片足を支点に踏ん張りながら向きを変える―― 急な方向転換をしようとするときの動き方としては、これが一般的。しかし、踏ん張る動きは、相手にもすぐわかります。次の動きを相手に教えているようなものですから、どんなに速く動いたとしても、突破することはむずかしいでしょう

甲野陽紀の

誌上体話塾 Q&A

「では、カラダに聞いてみましょう!」❶

Q まずは「グーパー手形」についての相談から。これは小学生の女の子からです。

手の形は、躓き防止や転倒防止にもなりますか?

A おじいちゃんおばあちゃんの心配をしているのかもしれませんね。イエスかノーかでいえば、もちろん「イエス」。どちらもカラダを「しっかりさせる」効果はあります。ただ、いつもグーパーできるかというと・・・

Q いろんな場面があります。

A そうなんです。日常の動作に〝よいクセ〟をつける、という狙いなら、「ヒザ裏を気にかけて動く」のほうがいいかもしれませんね。

　ヒザ裏効果でカラダがしっかりすれば、足の上げ下げも軽くなりますし、カラダが思い通り動くと気持ちもゆったりします。そのこともよい影響を与えると思います。

Q なるほど。いつも足が自分の思うように動くなら「爪・突き(原義はこれだそう)」も減るはずですね。ただ、おじいちゃんに理由を説明するのはむずかしいかもしれないなあ…。

A そういうときは、理屈を説明するより、「やってみりゃいいじゃん!」と言ってあげてください。あーだこーだ言いたいのはアタマなんです。カラダって案外素直ですから、やってみると納得しますよ。

グーパーしたくても買い物帰りは荷物と子どもで両手はいっぱいです…

Q えー、次の相談は小さな子どもがいるお母さんから。こういう場面、よくありますよね。

A はい、うちもいまそんな感じです。こういうときは、「どういうふうに荷物を持つと楽になるか」を考えるわけです。

Q 荷物が重いと「がんばって持つ」になりやすいですが。

A でも力をぎゅっと入れて持つのは、逆効果なんです。

Q かえって不安定になる?

A そうです。そんなときは、「手の内(手のひら全体のこと。わたしの呼び方です)で持つ」といいですね。カラダ全体で持つ動きになるので、荷物に腕が引っ張られる感じが気にならなくなると思います。

Q これならだれでもできますね。両手に何かを持つといえば、こんな相談も。

散歩や山歩きをするときのストックの使い方、コツはありますか?

A 実は「ストックをただ握る」だけでもカラダはしっかりしてくるのです。グーをつくる動きと同じです。ただ、強く握り続けていると逆効果ですが。

Q 手の内全体で持つといい?

A そうですね。指が動かせるぐらいの感じで持っていると、何かあったときにもパッと動けるカラダになります。

Q 腕の振り方は?

A ごく自然に手が交互に前後するぐらいで。前に出した手で交互にグーをつくるような気持ちで歩くと足取りも軽くなると思いますよ。

Q ストックがないときは?

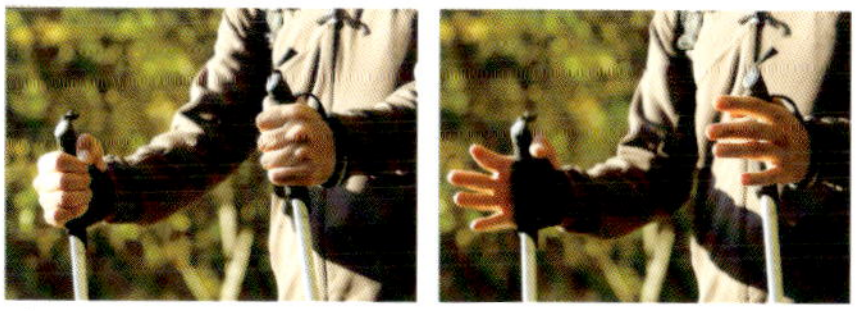

手のひら全体でしっかりと持ち、いつでも指を動かせるぐらいにしておくと緊急時の対応力もアップします

前に出した手を交互にグーにしながら

A 何もなかったら、たとえば、リュックのショルダーストラップはどうでしょう? 上半身の力みも抜けるので一石二鳥です。

持つものが何もないときは、背負っているリュックのショルダーストラップに手をかけてみるのもアイデア。長時間の登り下りで疲れて固くなった上半身の力みを抜く効果があります

重いダンボール箱を持ち上げるときなど、腰の負担が心配です

A よく相談を受けるテーマですね。難題ですけど、いろいろなアプローチができる動作でもあるんです。今回はヒザ裏効果でやってみましょうか。

Q はい、ぜひ!

A まずは、しゃがむ前に、かかと先を気にかけながらの足踏みを二、三度。しゃがみやすくなって、前かがみ姿勢を防ぐこともできます。

Q だから腰の負担も軽い?

A はい。荷物を持ち上げるときは「ヒザ裏を気にかけながら」荷物を持ち上げるのではなく、「自分が立とうとする」こと、これがポイントです。

Q なるほど! 「押そうと思わず前に出る」という「しゃがみ姿勢ずもう」と同じですね!

コラム

わたしの担当は動きの〝基礎造り〟

「日々の生活の中にある何気ない動きを見直すこと」

わたしの仕事をひとことでまとめるとするなら、こうなるでしょうか。

建築で言えば、わたしの仕事は基礎造り、専門分野の動きは、基礎の上に建つ建物、ということになるかもしれません。建物がぐらぐらせず安定して形を保つことができるのは、基礎がしっかりとできていればこそです。

こんなふうにわたしが考えるようになったのも、ひとつには、ふだんのわたしの講座に参加されているさまざまな分野の専門家のおかげです。

介護・医療、音楽、理容・美容、整体、スポーツなど、多岐にわたる分野の専門家（みなさんカラダを使う技術の専門家です）の方から、「役に立っています」と聞くと、励ましをいただいたような気持ちになります。

近年はこうした専門家の方から、さらにその先の方々へつないでいただく機会が増えてきました。専門分野の技術は優れたものを持っていながら、ケガをしやすかったり、疲れやすかったりする人も中にはいます。そういうときは、動きの〝基礎〟にあたる心身の使い方を工夫することによって、改善されることが多々あるのです。

たとえば、人を抱えて起こす動作のときに、足裏で踏ん張る人は、腰への負担がかかりやすいので腰痛を引き起こしやすいのですが、そんな方へ、「ヒザを伸ばすような動きを心がけてみてください」という助言を一言するだけで、足裏の踏ん張りがとれて、腰痛がだんだんに消えていく、ということもあります。動きの〝基礎〟を見直す、というのはこういうことです。

わたしにできることは、こんなふうに「その人のカラダの力を引き出すお手伝いをする」ことだけですが、これは、動きの〝基礎造り担当〟だからこそできること、なのかもしれません。

（甲野陽紀）

千葉大学医学部附属病院の地域医療連携部主催の講座に招かれて。参加者は、介護、医療、行政を含む地域医療と介護に携わる専門家。「自分のカラダに備わっている不思議さ」を体験していただきながら、その感覚や心身の使い方を専門的な場面にどう活かしていくかを一緒に研究していくこうした場は、わたしにとっても貴重な勉強の機会なのです

第2章

小さなチカラで大きなシゴト

「そんなにがんばらなくてもいいですよ」

「でも、重いんです・・・」

「だいじょうぶ。がんばってできることはたいてい、
がんばらなくてもできるものなんです」

「がんばらなくていい？」

「はい、そういう力をカラダは持っていますから。

そういう〝小さな力〟のほうがカラダのためにもいいんですよ」

旅行用のキャスター付きバッグと階段の上り下り。すっと持ち上がって姿勢もよくなる「がんばらない」ひと工夫

重いからしっかり、と考えがちですが…

「困ったときは発想を変えて」とはよく聞く助言ですが、ふつうはむしろその逆かもしれません。〝やり慣れた方法にこだわって〟悪循環を招きがちです。

旅行バッグと階段。これも悪循環にはまりやすい組み合わせです。重いものだから「いつもよりしっかり持とう」と、やり方はそのままに気合だけを入れると、カラダに無用な力が入って、ぶつけたり落としたり…。

発想の転換とは、気持ちだけでなく、カラダを使う方法も一緒に考え直すことなのです。

取っ手を持つときのポイント「握る、のではなく、締めるように」

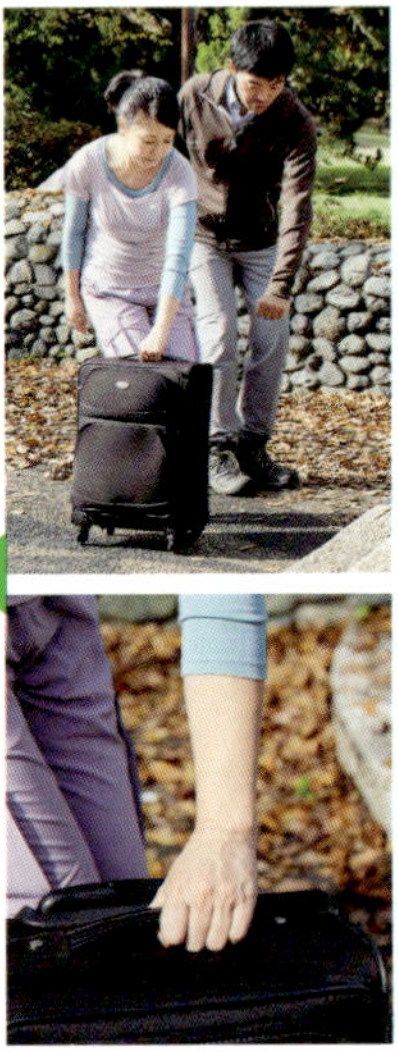

まず片手から。柔らかく締めるように持つと、上体に力が入りすぎない

次に、もう片方の手をまず取っ手に添えるようにして。ぎゅっと握らないこと

添えた手を柔らかく締めながら取っ手を持つ。これで準備は完了!

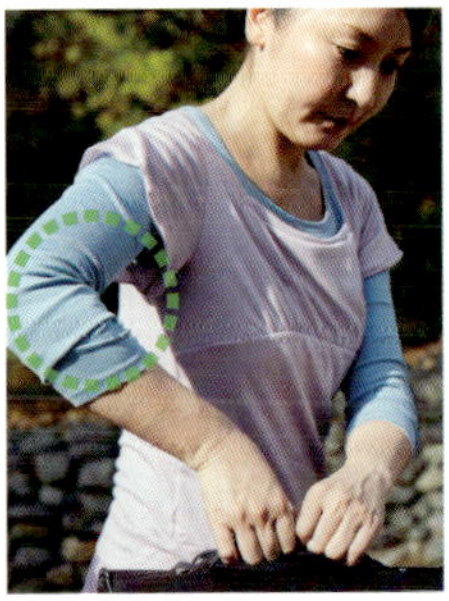

「ヒジをたたむ」つもりで荷物を持ち上げる

重いものを持ち上げるときは、筋力が弱いと思っている人ほど勢いをつけたくなったり、がんばってしまうもの。でも、がんばると腕や肩にだけ負担がかかり、かえって辛いことに。
この場面でも「がんばらない」がコツ。
取っ手を「締めるように」持つことで、全身の〝小さな力〟が協力しあう状態はできている、と信じて、「ヒジをたたむ」つもりで持ち上げましょう。そうすれば腕や肩だけに頼らない持ち上げ方になります

「がんばらない」持ち方の工夫で動きがどう変わったか、検証してみました

Before **After**

腕の力で一生懸命持ち上げます…

がんばらなくても軽々と

検証に使ったのは、この日、撮影用の小道具をたくさん入れてきたわたしのカバン。Iさんにはふだん持ち慣れない重さのはずですが、持ち手を工夫し、ひじをたたむように持ち上げてもらうと、姿勢が崩れず、カバンを持ち上げた位置も明らかに高くなりました。それでいて、Iさんの表情にも余裕が感じられます

〝肩があがる〟のは力が入っている証拠

力が入りすぎていないから動きも軽快

「がんばって」持ったときは、腕や肩を含めた上半身にぎゅっと力が入ります。カラダを縮めるような姿勢なので視線も下向きに。「よいしょっ!」というIさんの〝心の声〟が聞こえてくるようです。一方の「がんばらない」持ち方は、まったく対照的。上半身は適度にリラックスして足取りも軽快。視線も前をしっかりとらえて。Iさんの表情も〝涼しげ〟です

だんだんカラダが丸く縮まって…

荷物を持ち続けても姿勢が崩れない

大きくて重い荷物を持っているときは、重さに引っ張られてカラダの安定感を失いやすいので下りも要注意です。「がんばっている」Iさんも注意を払いながら一段一段下りていますが、カバンを持ち上げることに上半身の力を一生懸命使っている様子。一方の「がんばらない」Iさん、さすがにきつそうですが、姿勢は安定感をしっかり保っています

微妙な感覚の違いですが、その違いはだれにでもはっきりとわかります

「握る」と「締める」はどう違う？

銅像のようなどっしり感

握る

同じ「グーの形」でも、わたしがとらえている「握る」の感覚は、「固めたグーを作り、できたらそこで動きを止める感じ」。コブシを中心にカラダ全体を固くする働きはあるのですが、動きはかえって苦しくなります。

しっかり固めたグーの形をつくるときは「握る」の出番。どっしりした写真のようなポーズは「握る」のほうがとりやすいはず

片足立ちのような、カラダ全体のつながりを活かして柔らかく動きたいときに「握る」をやると、一気に不安定になってしまいます

「がっちりはするが動きづらい」これが「握る」のしっかり感

「手を握ってください」といわれると、たいていの人は「グーの手形」をつくります。つまり、「手を握る＝グーの手形を作る」が、一般的な理解なのですが、わたしがここでお伝えしたいのは、形のことではなく、「握る」という動きの感覚とそのときのカラダの状態についてです。

「銅像のようにしっかりと立っている」というような表現がありますが、「銅像のように」なりたいと思ったら、思いっきりこの「握る」をやってみるといいのです。ぎゅっと手を握ると、カラダがたしかに「銅像のように」固くなりますが、同時に動きづらいカラダにもなります。

これが「握る」感覚の特徴です。旅行カバンの取っ手も「握る」感覚で持つと疲れてしまう、のは理由があるのです。

しなやかな安定感

締める

グーの形ができたら「手の動きを止める」のが「握る」ですが、逆に「動き続けようとする」のが「締める」の感覚。
「動き続けようとする」ことで、カラダは「いつでも動き出せる」状態を保つことができるのです。

片足立ちは「締める」が得意とする動き。動きを殺さずに、カラダの安定感を保ちます

パッとカラダが動き出せるとき、手は「締める」動きをしている

「握り締める」という言い方があるように、「握る」と「締める」はもともと反対語というわけではなく、手の形に主に注目した言葉と、動きの質を表現した言葉の違いともいえます。

「カラダの動きを表す言葉には、動くときの感覚や、カラダの使い方が上手に表現されているものだなあ」と、感心しますが、どちらが動きとして優れているか、という話ではありません。それぞれの動きに合った場面があるから、動きとしてカラダは記憶しているのだと思います。

「締める」の場合は、「動くカラダ」ととても相性のいい手の使い方です。逆にいえば、わたしたちがパッと動き出せるとき、手は「握る」ではなく、「締める」をやっている、ともいえるのです。

日常生活は、「動きながら何かをする」場面の連続ともいえます。「諦める」の力をぜひ活かしていただけたらと思います。

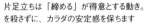

小さな力の試しどころ研究

人を持ち上げられるほどの小さな力はどこからやってくる？

「遠慮せず思いっきり体重を乗せてください」
「乗せました！」
「では、はじめます！」

だれでもできるのに だれもが驚く不思議なワザ

やっている本人には「すごいことをやった！」という実感はないのですが、周囲の〝観客〟からは必ず「おーっ！」という驚きの声がもれるのが、この〝人間ジャッキ〟。なにしろ、大人二人を一気に持ち上げてしまうのですから当然です。

秘密は、次項でくわしくご紹介するヒジの感覚の使い方にあるのですが、体験しても不思議さが残ってしまうのも確か。筋力に頼らない動きなので、男女の差もないに等しい〝ワザ〟です。

動きのコツはヒジの裏(内側)を気にかけて「ただヒジを伸ばす」だけ。「持ち上げよう」という〝邪心〟は失敗の元です。

お辞儀をしたままの姿勢をまず保ちます。このとき、手を畳にべたっとつけずに、軽く触れるような感じで手を〝置いておく〟のがコツのひとつ。背中を押さえ込み担当の人に押さえてもらったら準備完了。あとは「ただ、ヒジを伸ばすこと」をやるだけ!

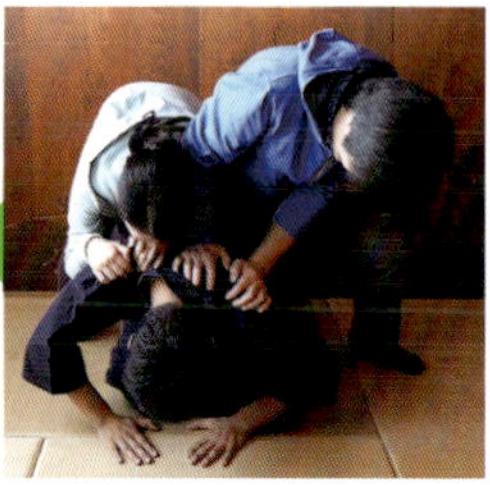

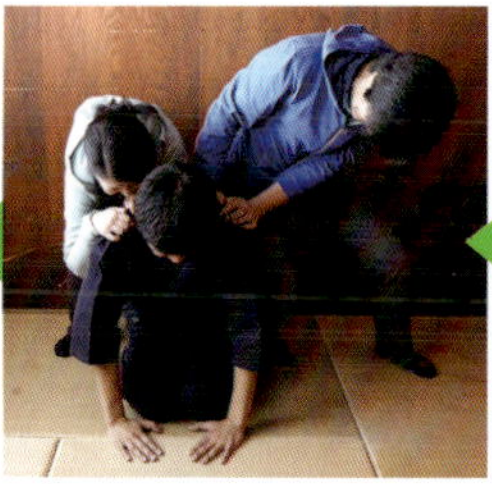

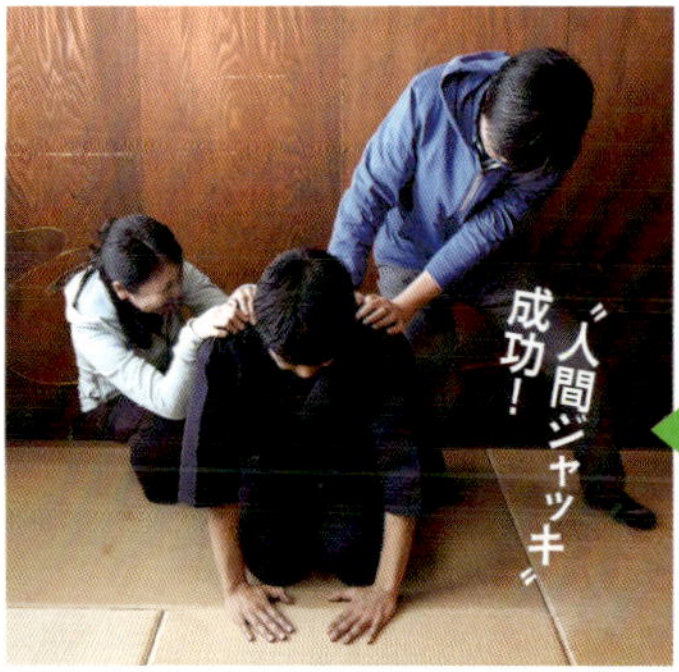
〝人間ジャッキ〟成功！

女性でも男性二人をはねのけられる?

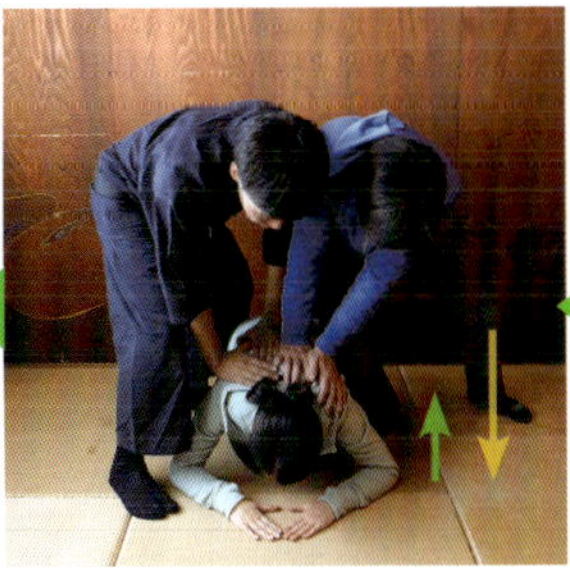

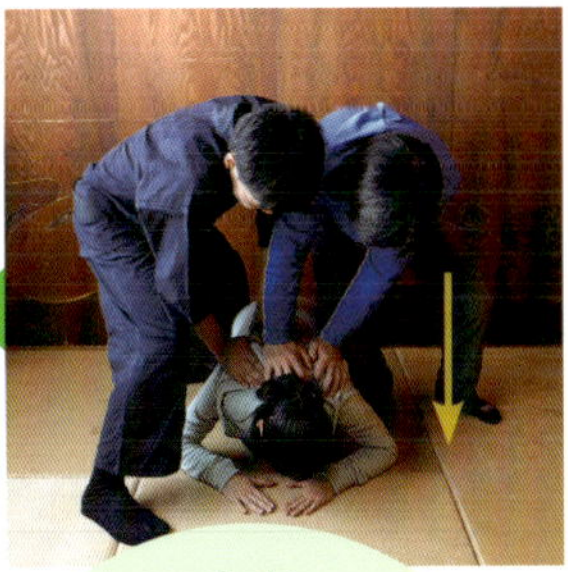

ただ「ヒジを伸ばす」だけ

女性ひとりを大人の男二人が押さえ込んでいる! あまり印象のよくない絵ですが、Iさんは、にこやかな表情で男二人の力をはねのけることに成功! この動きはヒジの裏の感覚を活かしたものです

その力は、ヒジの表裏感覚を活かしたときにやってくる!

ただ「ヒジをたたむ」だけ

今度は「ヒジを伸ばす」の逆、「ヒジをたたむ」の力試し。両ヒジを左右から押さえられているのに、「ヒジ裏を気にかけて、ただヒジをたたむ」だけで、何事もなかったかのように、お辞儀が完了しました!

この状態から、お辞儀はできる?

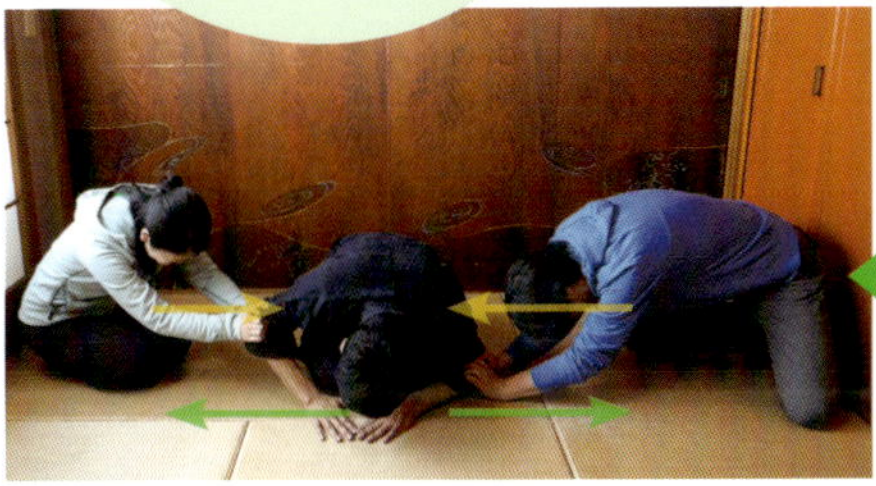

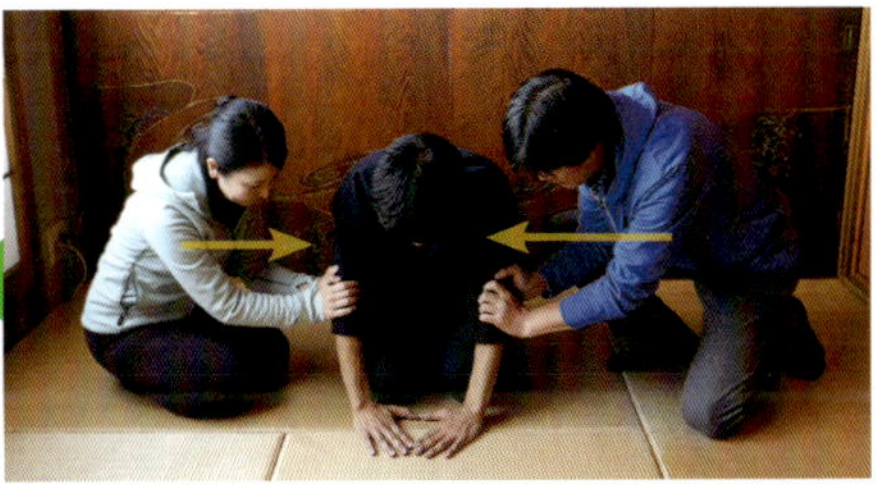

〝人間ジャッキ〟の使いどころはさまざま。たとえば満員電車で。

お辞儀の場面で〝人間ジャッキ〟を使うことはないと思いますが、街に出れば・・・たとえば混んでいる電車の中。ぎゅうぎゅうに押されて苦しいときは絶好の出番。車内のカベに手を軽く置いて「ヒジ裏を気にかけて、ただヒジを伸ばす」だけ。二、三人なら軽く押し返せるはずです。

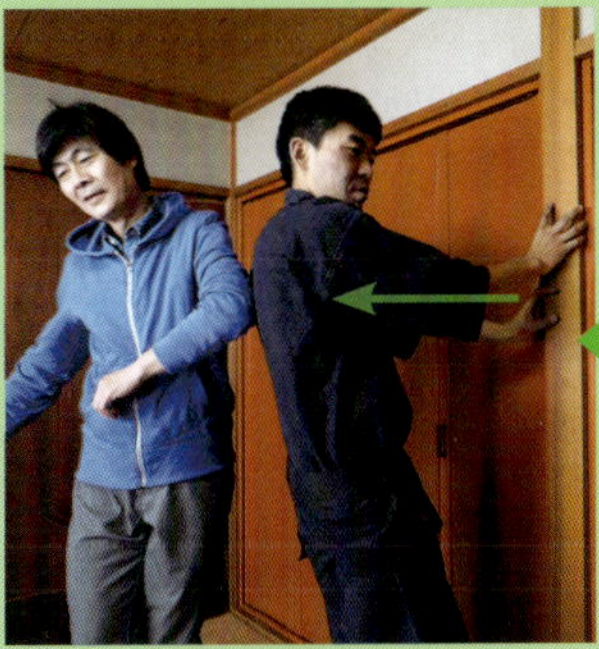

そんな感覚知らなかった…という人も、実はふだんよく使っているはず。その力をちょっとだけ意図的に活かしてみると、カラダへの負担がぐっと軽くなってきます

「ヒジの表感覚と裏感覚」が活きるのはどんな動きのとき?

「ヒジから先の手だけ」を動かすときは表感覚が効果あり?

ヒジは手の曲げ伸ばしを助ける関節の役割だけ、と思っていたら違いました。カラダは、ヒジの表（外側）と裏（内側）の感覚を動きに合わせて使い分けながら、手が働くときのカラダの安定感を確保していたのです。手の動きには、ヒジの位置が動くときと動かないときがありますが、「ヒジの表感覚」は、「ヒジの位置が動かないときに活かされる」感覚です。

ポイントはヒジの位置。ヒジの位置が変わらない動作では「オモテ感覚」をON!　姿勢がしっかり安定してきます

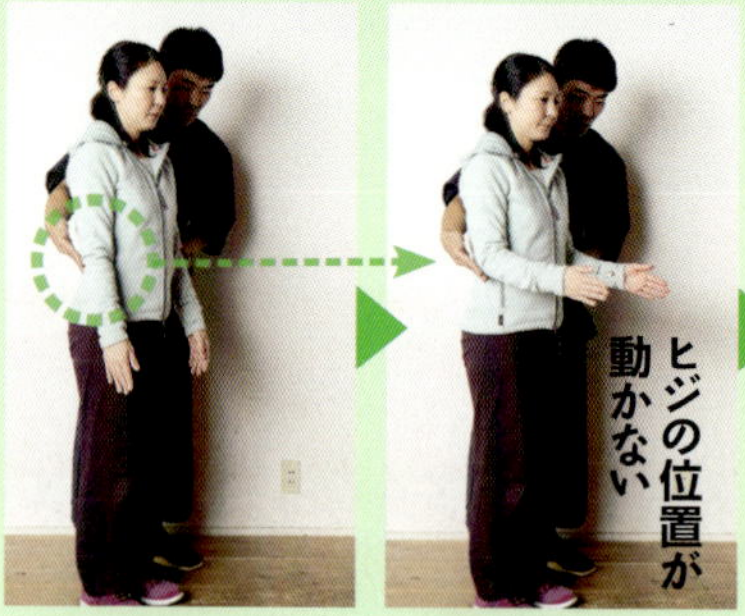

ヒジの表感覚の力を体感するとき。両手を下げたふつうの立ち姿勢から、ヒジから先の腕を、「ヒジの位置を動かさずに」あげます。そして、あげた腕を上から押してもらう。と、この通り!　がんばってこらえようとする必要はありません。むしろ、こらえようとした途端、カラダ全体から腕力での支えに変わって崩れてしまいます

検証!

逆に、ヒジの位置を動かして表感覚で腕を伸ばしたとき、カラダの安定感はどうなる?

垂らした状態から両腕を伸ばすと、ヒジが動きます。この動きを、表感覚を気にかけてやってもらったのですが…

ヒジの表と裏の感覚は、「手を使う」ほとんどの日常動作に活かすことができます！

「腕全体を動かす」ときは裏感覚が効果あり？

持つ、抱える、引く、回す、など、手を使う日常動作はたくさんありますが、その多くはヒジの位置が動くもの。〝人間ジャッキ〟もそうでした。

「ヒジの裏感覚」は、こうしたヒジの位置が移動する動きのときに活かされる感覚です。

裏か表か、この動きはどっちを活かしたら？と考えずに、ふだんの動きなら、まず「裏感覚」でやってみてください。

ヒジの位置が動く動作では「ウラ感覚」をONにして。動きの中に抜群の安定感が生まれます

ヒジの位置が前方に動いている

ヒジの裏感覚が活きている！

両腕を前に出す動きは「ヒジの位置が移動する動き」ですから、「ヒジ裏の感覚」が活きるはずです。Iさんに検証してもらったところ、表感覚で両腕を伸ばしたときとは別人のような、しっかりしたカラダに変わりました。「ヒジの表裏を気にかける」だけでカラダの状態がこんなにも変わるとは、わかっていても驚かされます

日常生活の場面はさまざま。ヒジの位置が移動する動作が多いので、困ったらまず、「裏感覚を試してみる」といいと思いますよ。

検証！

逆に、ヒジの位置を変えずに裏感覚でヒジを曲げたとき、カラダの安定感はどうなる？

弱い組み合わせのはずの「ヒジの位置が動かない＋ヒジの裏感覚で動く」も検証してみたのですが、やはり、予想通り…

ヒジの表裏感覚の研究 実践編 「腕ずもう」

勝つのはどっち？ オモテ感覚？ ウラ感覚？

腕ずもうとヒジの表裏感覚

この「腕ずもう」は、ヒジの表裏感覚の違いを体験するにはぴったりの〝教材〟。ここまで読んでこられた方には勝負の行方はもうおわかりだと思います。

腕ずもうは「ヒジの位置が移動しない」動きです。ということは…そう、ヒジの表感覚を先に活かしたほうが勝つ確率は高い、ということ。裏感覚で対抗するにはよほど力量差がないと無理かもしれません。

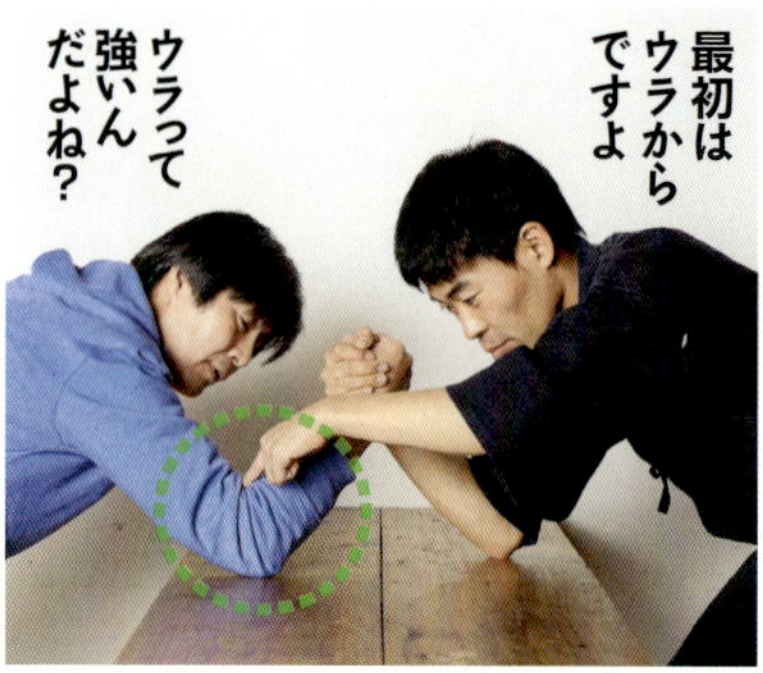
最初はウラからですよ
ウラって強いんだよね？

こんな感じです
はめたな…

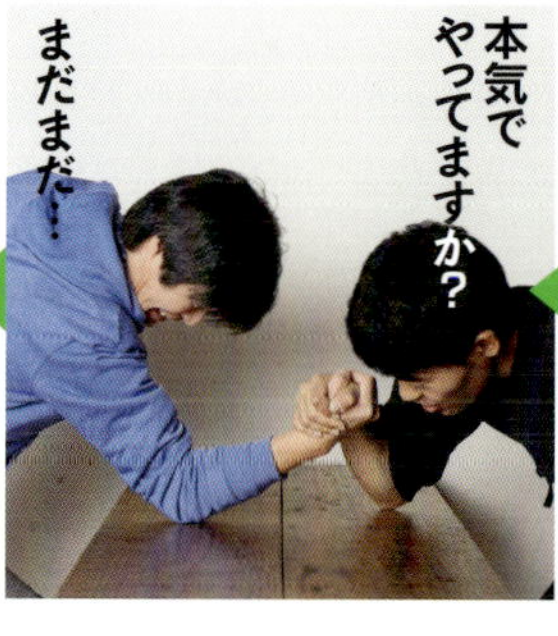
本気でやってますか？
まだまだ…

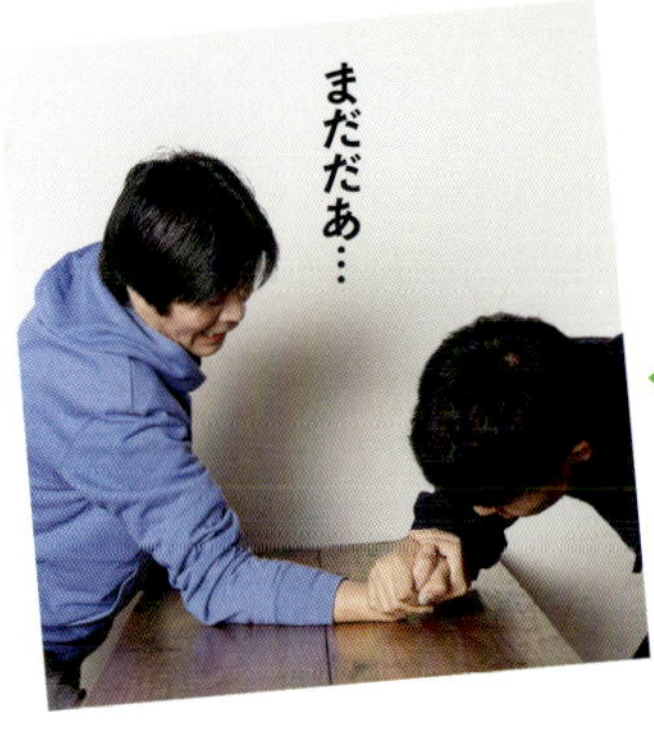
まだだあ…

表裏感覚の瞬間的なスイッチ力。これがカラダに元々備わった力

今度は逆に、ヒジの表感覚に注目してから動き出したOさん。別人のような強さで勝利したわけですが、この瞬間的なスイッチの切り替え能力こそ、カラダが元々備えている力です。

わたしがOさんのヒジへ軽く触れたときに、Oさんの注目は自然に自分のヒジ表へと向かい、そのことがカラダ全体を使った手の動きを引き出したのです。

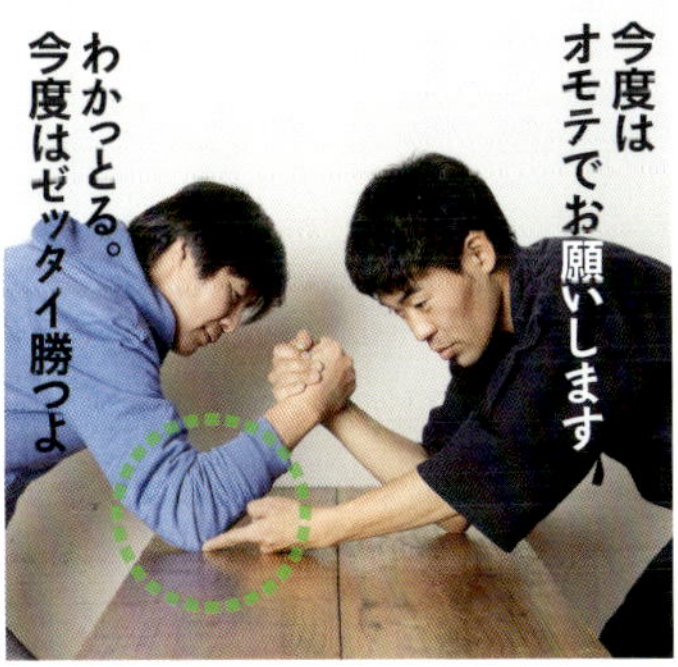
今度はオモテでお願いします
わかっとる。今度はゼッタイ勝つよ

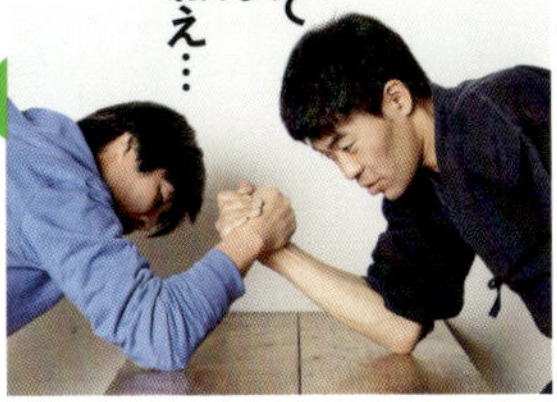
カラダって変わるんだろうねえ…

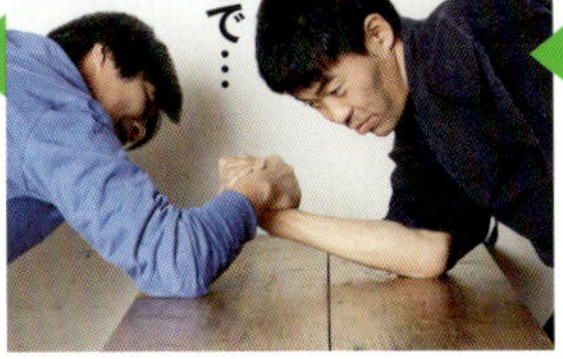
なんでこんなことで…

しっかし…

“空中腕ずもう”でも結果は同じ。勝つ秘訣は、ヒジの表感覚を磨いて先に有利な態勢に持ち込むこと？

ヒジのウラの感覚を気にかけたとき

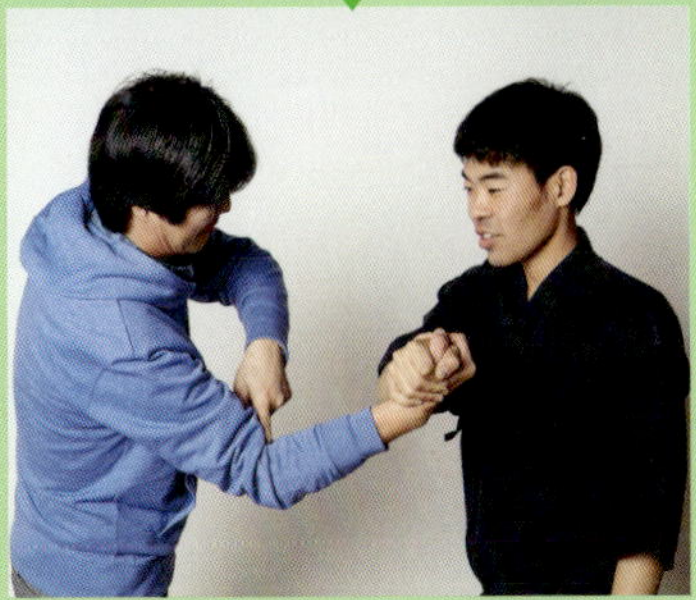

ヒジのオモテの感覚を気にかけたとき

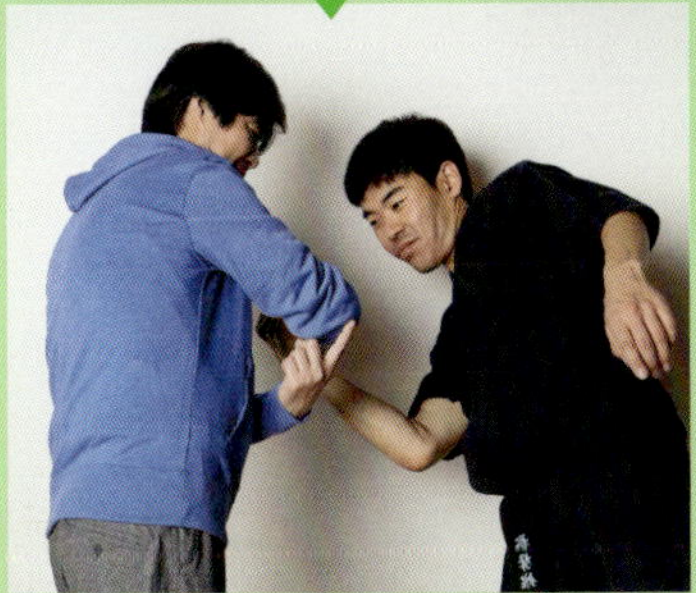

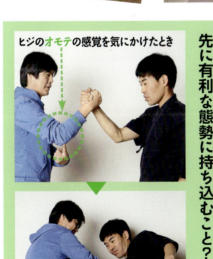

カラダを動かすのは力ではなく気持ち

「気持ち」が伝わるカラダの使い方とは？

最初の触れ方が大事

「介助」の動作には、必ず相手と「触れる」動きがあります。そのとき、もし好感を持たれなかったとしたら、そのあとの介助も、なかなかうまくはいかないのではないでしょうか。

介助の動作ではなくても、たとえば人と握手したとき、その触れた感じにどこか違和感を覚えた瞬間、カラダが止まる感じが出てくるのではと思います。

人と一緒にする動作の場合、手順の上手下手より、まず「こちらの気持ちが的確に伝わるかどうか」。そのことを伝えるいちばん優れた方法、それが人への「触れ方」を磨く、ということではないかと思います。

腕を支えながら歩くときは、腕への触れ方がポイント

①「腕をとる」のではなく「腕に手を添える」ように

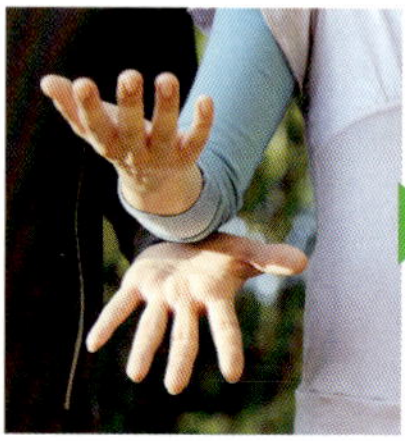

相手の手に触れるとき、すぐ腕をとりにいかずに、手のひらの底にあたるところで「添える」ように触れるとやさしい接触になります

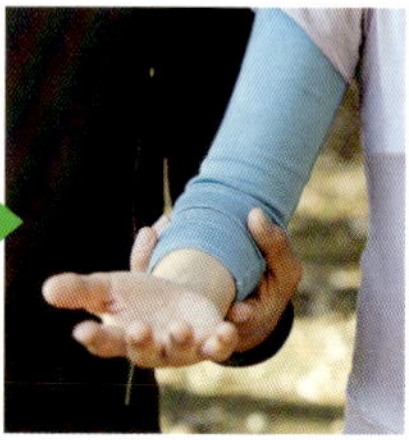

違和感なく触れたあとは、柔らかく手のひらを閉じて。ぎゅっと握らないので相手の人も緊張せず、こちらも支えやすくなります

②支えるヒジの位置は「カラダより少し前め」にすると、動きやすい

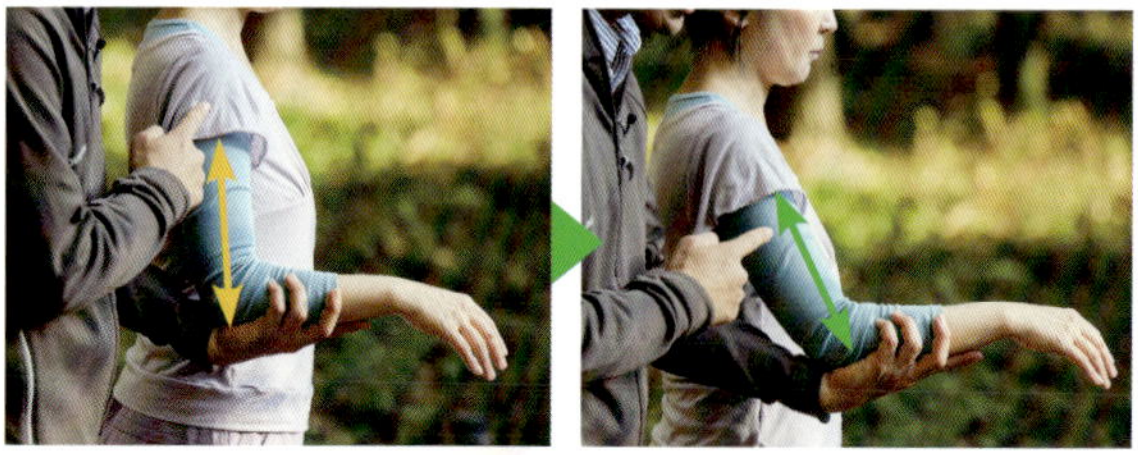

支える腕のヒジの位置。脇腹のすぐ横で支えると肩のあたりが窮屈になり動きにくくなるので、ヒジの位置は、脇腹より少し前めに。歩きやすさが変わってきます

③支えるヒジと手は「平行に見えるぐらい」が支えやすく、動きやすい

ヒジから手首、指先にかけてのラインは、身長差があると斜めになりやすいのですが、なるべく水平を心がけて。このほうが歩きやすい状態を長く維持できます

歩き出しにサポートが必要な人の場合、強引な触れ方をすると逆効果に…

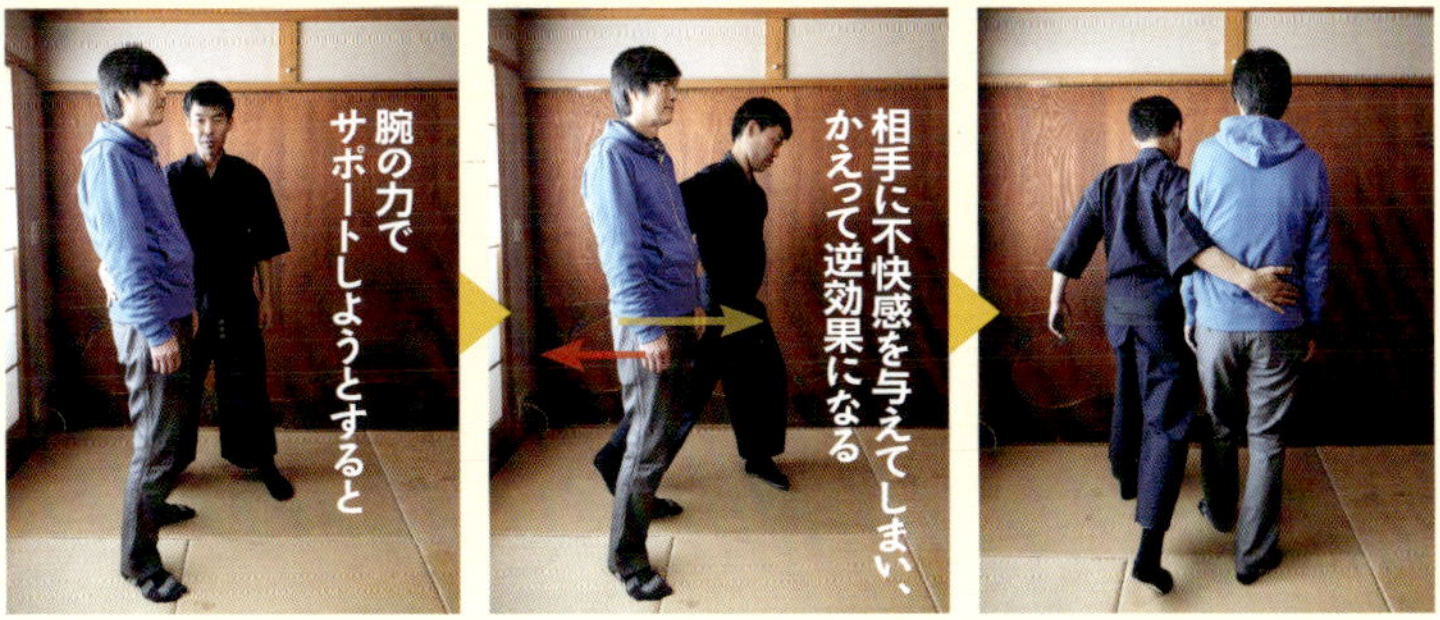
腕の力で
サポートしようとすると
相手に不快感を与えてしまい、
かえって逆効果になる

気持ちやカラダ自体の問題から、歩き出しに気を遣う必要のある人の場合、力を入れて介助しようとするとかえって逆効果になってしまいます。強い力というのは相手の強い抵抗力も引き出してしまうのです

腰に回した手を柔らかく、かつ、密着させて、その自分の腕を動かすようにすると…

◎まず親指の側面を腰にあててから手のひらをを返して腰に触れる

最初に親指の側面で
触れる

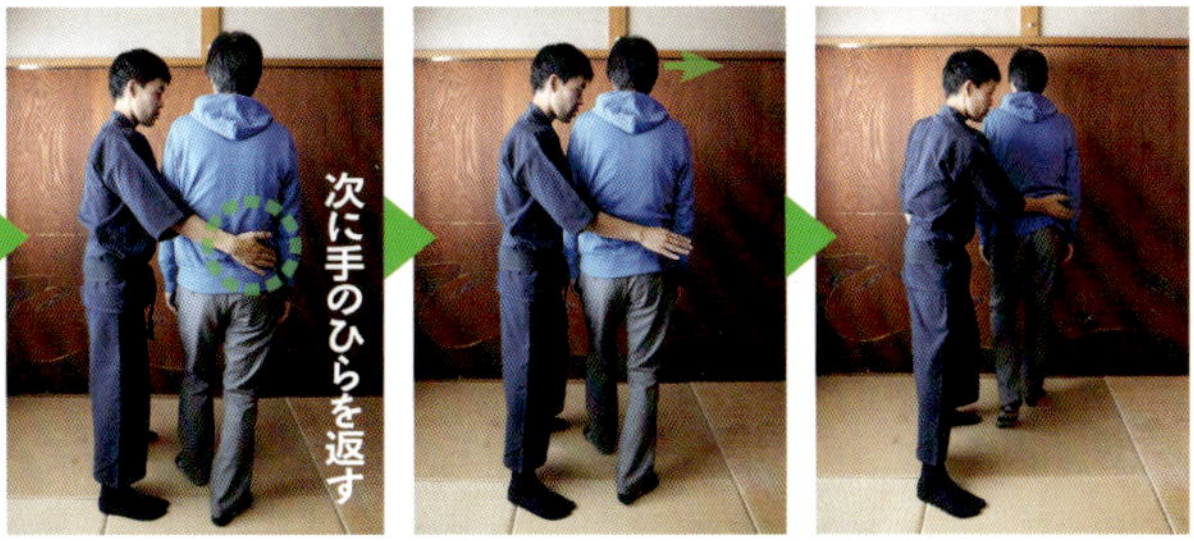
次に手のひらを返す

「触れ方が大切」ということはこの場合も同じです。「歩きがスムーズにいかない」人なので、腰を支えの中心にしたいのですが、いきなり、腕を回してしまうとやはり違和感が出てしまいます。そこでまず、手を甲側を上にして水平にし、親指の付け根あたりから相手の腰に触れるようにします。触れた感じにお互い違和感がないことを確かめてから、手首を返して、手のひら全体で腰を包むように支えながら、前への動きをうながしていきます

◎相手を動かそうとせず「自分が動く」を心がけると、不快感を与えない動きに

相手を自分の手と腕で
動かそうとせずに…

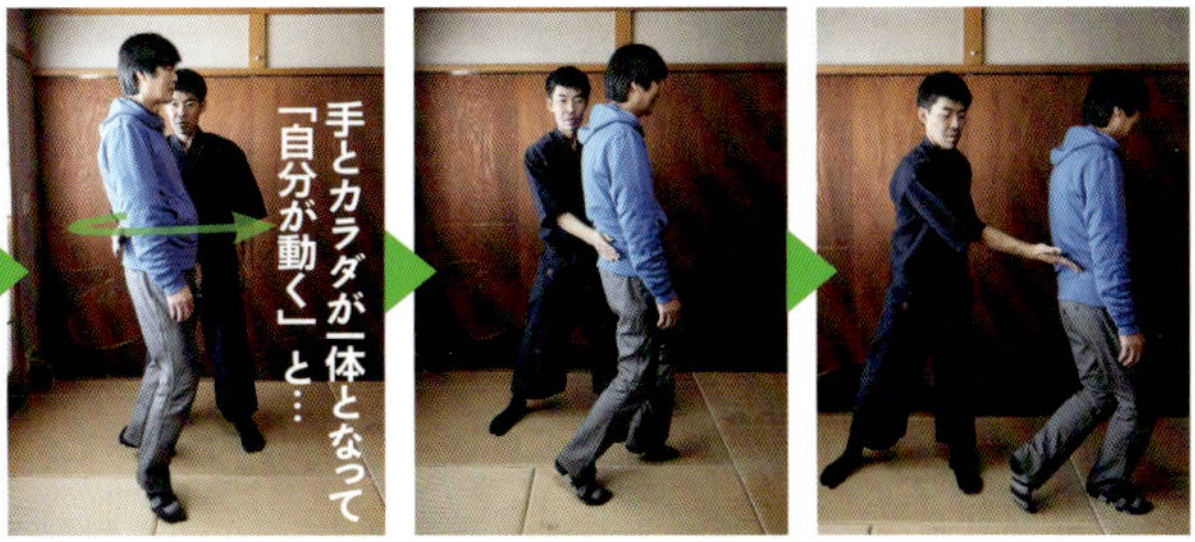
手とカラダが一体となって
「自分が動く」と…

触れ方と同じぐらい大事なもうひとつのポイントは、歩きをうながしていくときに、「支えている腕で相手のカラダを動かそうとしないこと」。相手のカラダを動かそうとする動きは必ず違和感を相手に与えて、抵抗する力を引き出してしまいます。ここは発想を逆にして、「相手を動かそうとするのではなく、自分が腕と一緒に動く」。そうすることによって、柔らかい力が相手に伝わり、そのことが「歩く」というカラダの動きを引き出すことになるのです

左右に揺れるカラダを点と点で〝しっかり〟支えたい

揺れはもどそうとすると
かえって大きくなってしまうことも
幅の狭い段差の上などを歩くときは
カラダが左右にふらつきやすい

平均台の上を揺れずに歩くためには…

カラダが左右にぐらついた…という経験はどなたもお持ちだと思います。

介助が必要かどうかは、場面によると思いますが、必要な場面で何か手助けができるように「カラダのぐらつきを抑える方法」を知っておくと、気持ちの上での〝杖〟のひとつになってくれるのではないでしょうか。

日常生活の中で、カラダがぐらつきやすい場面は?と考えて思い浮かんだのが、「平均台のような幅の狭い台の上を歩いているとき」。一本の線の上を歩くようなものですから、踏み出した足を縦に揃えていくときに、上体が揺れやすいのです。

足の動きを邪魔せず、むしろ協力するように他のカラダも動くようなカラダの使い方を探してみたところ―。

手で触れると「ここが脚の付け根だな」とはっきりわかる骨が腰の両脇にあります。

ここは、骨盤と大腿骨がつながっているところで、手が触れているやや外側に張り出すように出っ張っている部位は、「大転子(だいてんし)」と呼ばれる大腿骨の一部です。

この大転子に、手のひらの中心をあてながら歩くと、揺れがかなり小さくなることがわかりました。だれかに押さえてもらっても同じ効果が得られます。

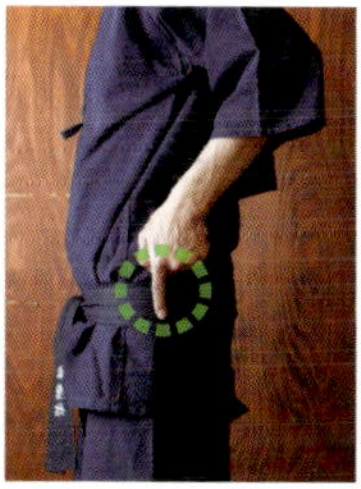

両脇の大転子を点と点として、二点を軽く押さえるような感覚で。手のひらをあてる前に、人差し指で大転子に触れておくと、位置がわかりやすいと思います

「大転子」はどこに？

脇腹の下にある硬い骨、これが腰骨の上端。ここからもう少し脚部に下ると、足踏みをしたときに出っ張りやへこみなどの動きを感じる部位がありますが、ここが脚の付け根にあたる大転子です。この両脇の大転子に手のひらの中心をあてると、カラダ全体がつながる感じが出てきます。強くあてすぎると歩きづらくなるので、触れ方は柔らかく

手のひらで両脇の大転子に触れると、カラダに安定感が生まれ、気持ちにも余裕が出てくる

歩きはじめたら、踏み出す足のつま先だけを気にかけて。大転子に手をあてることと、つま先の両方を気にすると、不安定になってしまいます

上半身と下半身をつなぐ骨盤の揺れが小さくなると、必然的に、カラダ全体の揺れも小さくなり、結果として、歩きにも安定感が出て、さらにカラダが揺れなくなる…というよい循環が生まれてきます。

介助が必要な人をヘルプするときには、この要領を思い出してください。斜め後ろから両脇の大転子を軽く押さえてあげるだけで、介助される方も歩きやすくなると思います

「カラダは〝まとまる〟と軽くなる」

おんぶしたり、抱き起こしたり。全身に負荷のかかるシゴトをするときにこの〝法則〟を思い出してください

〝重さ〟を感じるおんぶの姿勢。その特徴とは？

「背負う人」と「背負われる人」の密着感が足りない

リュックのベルトが緩んでいると荷物が揺れて背負いにくいのと同じで、背負う人と背負われる人の間に適度な密着感がないと〝重さ〟を感じてしまいます

「背負う人」ががんばって主に腕の力だけで支えている

密着感がないのでおのずと接している手だけを頼りに背負うことに。背負う人にとってはこれも負担のひとつになります

「背負われる人」のカラダにまとまりがない

背負われる人のカラダに〝まとまり〟がないと背負う人はとりわけ重く感じるものです。水の入った大きなビニール袋が持ちにくいことにも似ています

二人の一体感を増すコツ① 背負うときは相手の両手に手を添えながら

背負われる人の手をとり、軽く伸ばすようにして交差させます

背負われる人の手首のあたりを軽く持って、交差させます

そのまま、膝を伸ばすようにして背負う姿勢をとります

背負ったら、両手を軽く前に引き〝まとまり感〟を高めます

おんぶは二人で協力しあうと楽になる

「おんぶ」は、子どもをあやす、ケガなどをした人を介抱する、など、日常のいろいろな場面で重宝されているお馴染みの動作です。背負う・背負われる、という動きですから、手順自体は簡単なものですが、ひと工夫することで「もっと楽なおんぶ」ができるようになります。

ポイントは、二人のカラダができるだけ「ひとつのものとして感じられる」ように、背負い方を工夫すること。

二人のカラダが一体感を持ちながら動くとき、背負う人は軽さを、背負われる人は心地よさ

二人の一体感を増すコツ② 手をとったときに、さらに安定感が増す触れ方

背負われる人の手をとるとき、「握る」のではなく、人差し指と親指でその人の手首の両端（少しくぼんでいるところ）をはさむようにして持つと、より安定感が増す

①親指と人差し指で前腕をはさむようにとってから、するすると手首側へ滑らせていきます

触れておきたい手首のポイントの探し方。
まず、親指と人差し指で手首より太さのある前腕部をはさむようにとります。次に、腕をはさんだ指をその位置から手首側へ滑らせていきます。
腕はだんだん細くなっていくので、はさんだ指は自然に手首付近まで滑っていきます

②手首の両端のくぼみまでくると、指の動きが止まります。そこが触れておくポイントです

手首の付け根の両端、少しくぼみのあるところまでくると、自然に指の動きが止まる感じがあるはず。そこがポイント。すぐに慣れると思いますが、それまではこの方法で見つけてください

③背負った人のカラダのまとまりを高めるときにも、相手の手首を「つかまない」、「握らない」をこころがけます。「軽く持つように」しながら静かに引いていきます

カラダの安定感の違いをセルフチェック！

単独の動作でも対人の動作でも同じように安定します

自分で手首の両端をはさむように持って安定感の確認

を感じるようになります。逆に、二人の動きがぎくしゃくしていると、重さが倍増したようにも感じます。

「おんぶは二人で協力しあうもの」と考えると、いろいろなアイデアが浮かんでくるのではないでしょうか。

ここでは、「おんぶをもっと楽にするための」工夫として、手の使い方を中心にご紹介します。

カラダの〝まとまる感覚〟を磨く応用編

座っている人を「小さな力で引き起こす」には？

引っ張るから引っ張れない？

右の写真は第2章の扉写真にも使われた〝名場面〟です。引き起こそうとすればするほど相手の抵抗感を引き出してしまう、という悪循環が見事に絵になっています。

こういう悪循環がなぜ起きてしまうのか。まずはその理由を探るところから、引き起こし動作を研究してみましょう。

悪循環の理由

その①

強く相手の手を握ってしまった…

「握る」は強い力なので、その力を受け取る人のカラダも緊張することに。緊張は動きをさまたげ、そのままの姿勢を保とうとする働きをすることになってしまいます

その②

さらにしっかりつかもうとして上半身にも力が…

「引っ張ろう」として上半身に力が入った苦しい状態。「肩があがって」見えるのはそのため。緊張するとヒジの柔らかな動きも使えないので、選択肢は「勢いで引く」しかないのですが…

その③

腕の力を頼りに、勢いをつけて引っ張りあげてしまった…

腕の力だけで50kg以上ある人を持ち上げるのは至難の技。だからといって、強く勢いをつけて引っ張れば引っ張るほど、引き起こされる側の人のカラダも緊張して〝敵対状態〟になってしまいます

悪循環から抜け出す

コツ①

手をとるときは強く握らない。できるなら、手首のくぼみの両端を、はさむようなつもりで柔らかく持ちます

初印象が大事なのは、動作のときも同じです。相手の手をとるときにまず大切にしたいことは「強く握らない」こと。できるなら、背負うときの「手首のくぼみ部分をはさむようにして柔らかく持つ」コツを応用してください。
このとき、相手の人に片手をもう一方の腕に添えておいてもらうと、カラダのまとまり感はさらによくなります

コツ②

相手の人に「自分の手首を軽く持ってもらう」

自分で相手の手首をはさむようにとるやり方に自信がないときは、相手の人に「自分の手首を軽く持ってもらう」のもよい方法のひとつ。引き起こすときの〝軽さ〟がかなり変わってきます。この方法が可能であれば、引き起こす人は、手首を持たなくてもだいじょうぶです。下の写真では、わたしはMさんの腕を下から支えるように前腕をとり、引き起こし動作に入っています

コツ③

少し後ろへステップするようなつもりで、引き起こし動作に入っていくこともできます

その場での引き起こし動作がむずかしいときは、手を引きながら、相手が動くにつれて、後ろへステップしてみてください。大事なことは「相手に急な力や強い力を伝えないで動くこと」。自分に合ったやり方を見つけることもコツのひとつです

のぼり・くだりを驚くほど楽にする「虎拉ぎ」の進化形

手無し虎拉ぎ（てなし・とらひしぎ）

前著『武術&身体術』でも紹介され、「これは効果がある！」と好評をいただいた武術の手形、「虎拉ぎ」。「その効果を変えずに手の動きをより自由にする」をテーマに改良された〝新〟虎拉ぎをご紹介します。難度はかなり上がりましたが、これが手に入れば、「買い物袋」を持ちながらでも、虎拉ぎ効果を維持することができる進化型です。

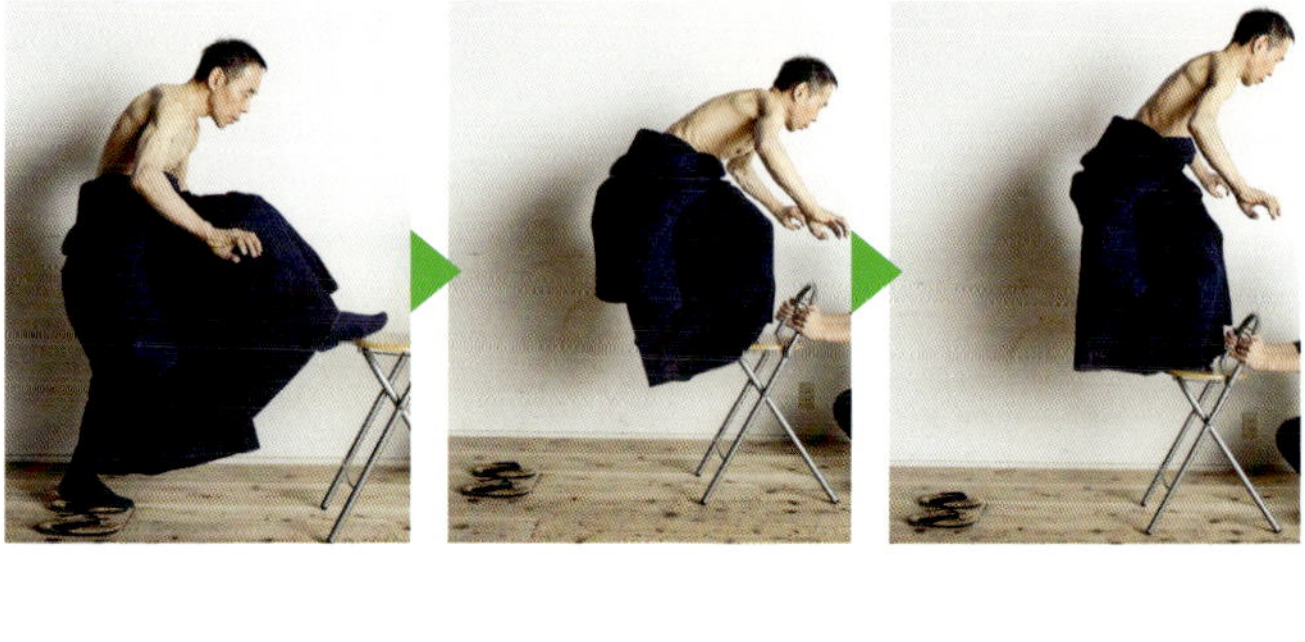

大きな段差の上り下りは虎拉ぎ本領発揮！の場面

段差や階段での上り下りは、虎拉ぎの力を実感する場面。ふつうならとても上体がついていきそうもない歩幅での踏み出しも楽々。後ろ向きでの動きも安定します。階段の一段二段飛ばしでぜひお試しを

買い物袋を持っても虎拉ぎ効果が持続する進化型

「虎拉ぎ」の手形は、「階段や坂道の上り下りなどで効果を実感した」という声をたくさんいただいているのですが、中には、「買い物袋を持てるような形に改良してほしい」という要望もあり、進化型の〝新〟虎拉ぎの登場となりました。

〝新〟虎拉ぎの特徴は、本当に虎拉ぎかな?と疑問に思うぐらい、手形が柔らかいことです。発案者の甲野善紀によると、手形が担っていた、上体の強いつながりを維持する役目を、文字通り肩に〝肩代わり〟してもらうことにしたから、とのこと。確かに、これなら、虎拉ぎ効果を維持しながら「買い物袋を持つ」ことができます。的確な肩の感覚をつかむためにも、まずは「虎拉ぎ」を体得されることをおすすめします。(甲野陽紀)

⬆〝元祖〟虎拉ぎ。はっきりとわかる特徴的な手形を作ることで、上体の強い協調を生み出します

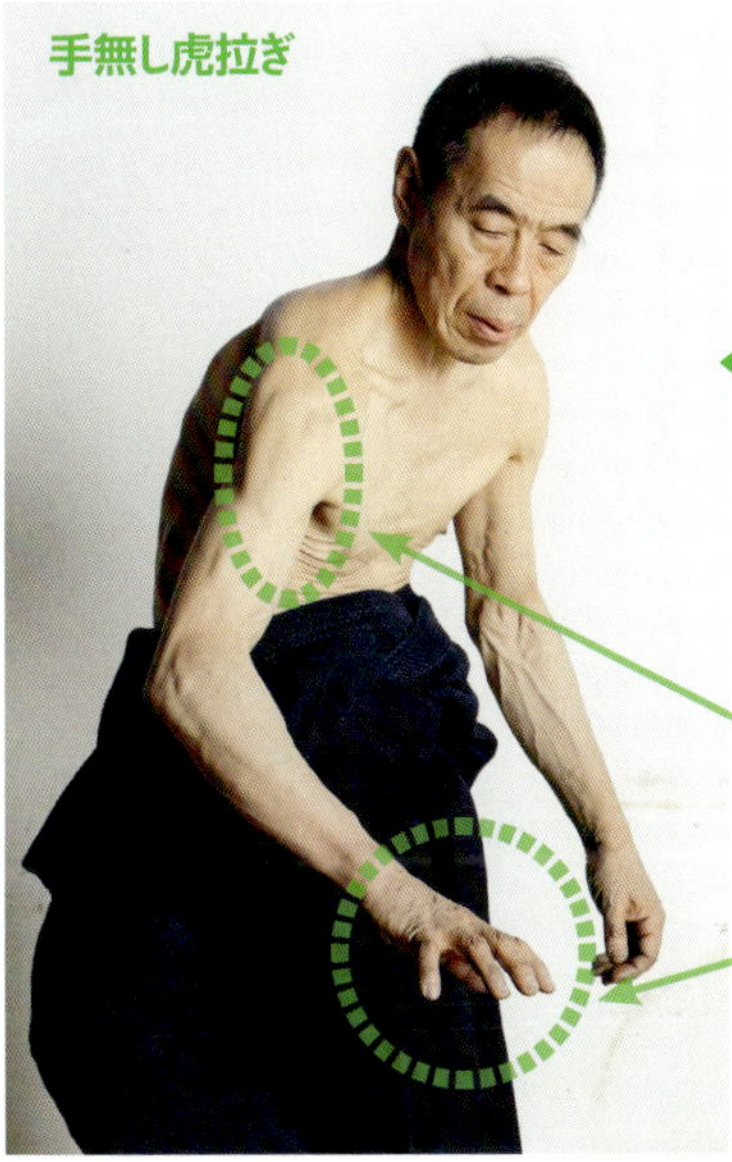

〝新〟虎拉ぎの要は肩。手形で上体の強い協調を作り出す〝元祖〟虎拉ぎと同様の効果を、肩の使い方を工夫することで獲得します

手形の役目は、上体の強いつながりをつくるところまで。つながりの維持は肩が担います。慣れてくれば、手を使わず、一気に肩で「虎拉ぎ」ができるようになります

虎拉ぎの手形

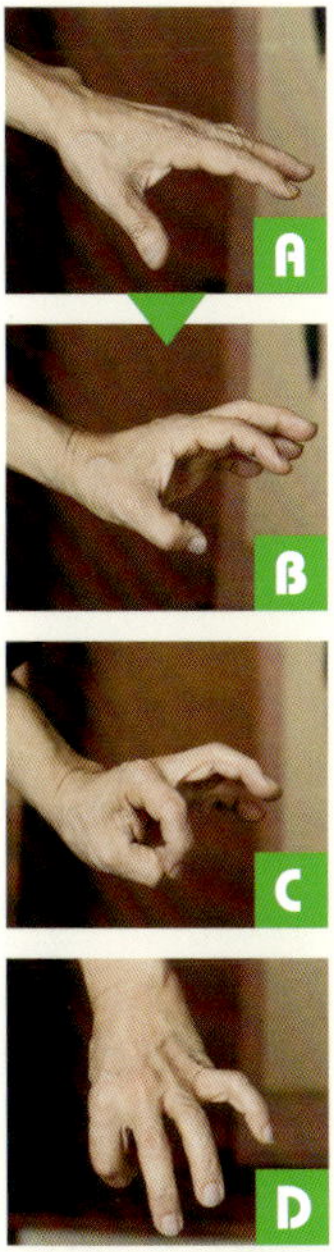

差し出した手の親指をまず動きが止まる位置まで内旋させ、次に、鉤形にした人差し指を逆に外旋させることで、拮抗した力を作り出す(写真A・B・C)。写真Dは、手形を角度を変えて写したもの

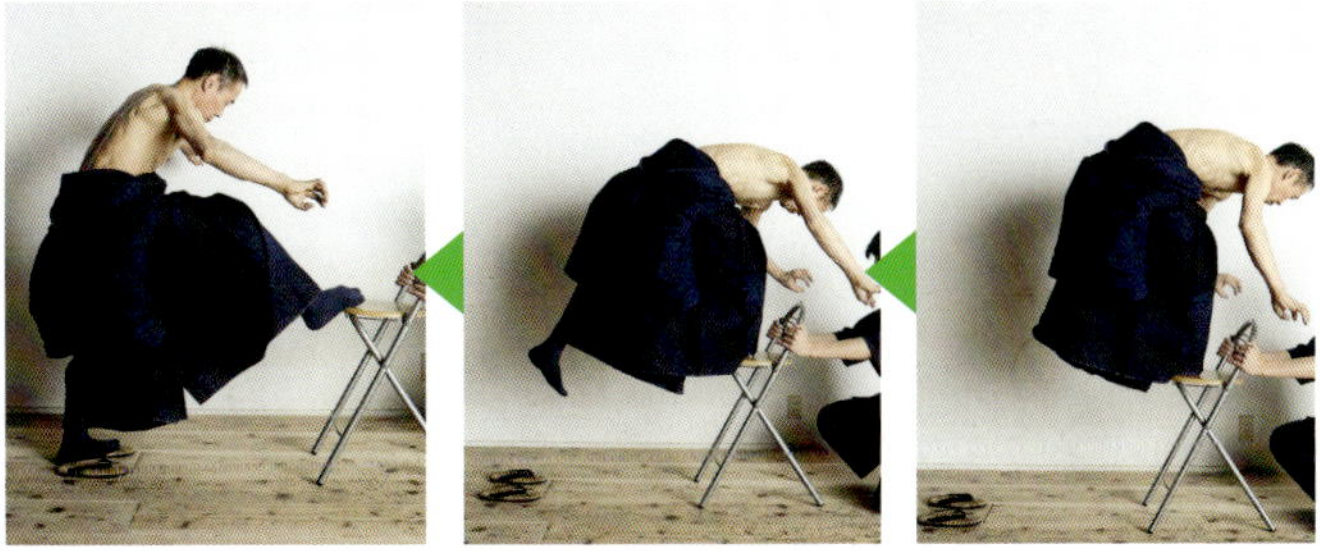

甲野陽紀の

誌上体話塾 Q&A

「では、カラダに聞いてみましょう!」❷

Q　最初は「締める」への質問です。

「締める」でやるといいおすすめの日常動作は？

A　「締める」の「おすすめ」というと、なんだかお寿司屋さんみたいですね。

Q　お寿司といえば「握り」。

A　といいながら、職人さんは「握って」はいないような。

Q　というと？

A　「握る」は、わたしの理解では「動きを止める動作」のひとつなんです。ぎゅっと握ったら、お寿司のお米が圧迫されてカタくなってしまう。だから、職人さんは、握ってはくるっ、握ってはくるっ、と動きを止めないまま、「へい、お待ち！」とやっているのでは？

Q　つまり、「締める」に近い？

A　と、わたしには見えます。

Q　そのお寿司の「締める」「握る」の違いを素人のわたしたちが体感するには？

A　まだ仮説段階ですが、「おにぎり」で同じようなことはいえるかもしれません。

Q　おにぎりもしっかり握りすぎると、お米がびっしりで、美味しくないですね。

A　お米とお米の間に少し隙間があるけれど、形になるぐらいにはくっついている、という微妙な塩梅に「締める」が貢献しているような気がするんです。

崩れたら困るものを運ぶときのコツは？

Q　これも「持つ」動作でしょうか。崩れたり、こぼれやすいものを運ぶときは、気を遣いますよね。

A　はい、だからといって、崩れないように、と注意を強く向けてしまうとこれが逆効果。

Q　逆効果？

A　たとえば、水がいっぱいに入ったコップを載せたお盆をだれかから受け取るとき、「気をつけてお持ちください」と言われると、かえって、緊張したりしませんか？

Q　します、します。こぼす場面を瞬間的に想像してしまったりして…。

A　そうすると思わず、コップを「見て」しまいますよね。揺らさずに持とうとして。でも、「目を使うと動きが止まる」の

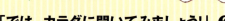

押入れからの布団の出し入れもヒジの裏感覚?

手の甲を上にして奥まで差し込んでから、手のひらを返して布団を腕に載せます。そのまま持ち上げやすい位置まで下がってから立ち上がるときれいな動きになります

がカラダの法則なんです。

Q 逆だと思ってました・・・

A 動きが止まるとカラダは柔軟な動きができなくなるので、お盆の揺れを戻そうとしたら戻しすぎてさらに揺れが…というような悪循環になりやすいんです。

Q でも、見てしまいそうですねえ、ふつうは。

A そういうときは、注目する感覚を、視覚から触覚にすると、落ち着いて動けるようになると思います。

Q 「手で触れている感じ」を大事にするということ?

A そうですね。「見ている自分」ではなくて、「触れている自分」がいまここにいる感じ、ともいえます。この「触覚を優位にして動く」は、「道具を持つ」動作を楽にする秘訣のひとつかもしれません。このテーマは機会を改めて紹介してみたいですね。

ヒジの裏感覚を活かしたい日常動作は?

Q いろいろありそうですね。

A カバンを持つ、扉を引く、冷蔵庫を開ける、などもそうですが、日常動作の中で、ヒジを動かしながらの動作はたいていそうです。

Q 役に立つ場面がいろいろあるということですね。では逆に、ヒジの表感覚を活かした日常動作というのはどうでしょう?

A ヒジの表感覚は、ヒジの位置が動かないときに効果を発揮しますが、日常動作でヒジを動かさない動きとなると、案外少ないかもしれないですね。

Q 救助の手旗信号を送る動きなんかにはよさそうですが。

A そうですね。応援団の動きとか。あれは間違いなくヒジの表感覚を活かした動きです。でも、応援団の動作が日常動作なのか、といわれると、どうなんでしょうね?

コラム

練習のためのいくつかのヒント

「できるまでやろう」としなくてもだいじょうぶ

何事もそうですが、二、三回やってみてうまくいかないと、「失敗をせずにちゃんとやろう」とする気持ちが強くなります。周りに人がいればなおさらです。

ところが、「ちゃんとやろう」という気持ちと反比例するように、素直にやることへ向かっていた最初の集中力はその時点で散り始めているのです。ですから、できなければ一度やめてみることも大切です。ちょっと休むだけでも、初心を思い出して動くことができます。

人とくらべなくてもだいじょうぶ

周りに振り回されていると自分のしたいことができなくなります。なにをやるにもまずは自分の気持ちが前を向いていられることが大切です。周りのことがどうしても気になるときには、「自分がまだそのことをするにはタイミングが早いだけ」と気軽に考えて時期を待ってみるといいと思います。練習も含めて物事が進むときというのは、無理なく一気に流れがでてくるものです。

うまくいかなくてもだいじょうぶ

なんでもすぐできてしまう器用さも素晴らしい能力ですが、なかなかうまくできない不器用さも同等の素晴らしさがあると思っています。できない時期はなかなか辛い気持ちにもなります。わたしも無器用なのでよくわかります。

しかし、できないことは遠回りのようですが、途中でもがく過程は、物事を見る視野を広げてくれます。様々な角度からひとつのものをとらえて蓄えられた経験はいますぐではなくとも、必ずや花が咲く日がやってくるものです。

できた理由がわからなくてもだいじょうぶ

何気なく、カラダに無理なく動けたときには、できた！という実感や手応えが案外ないものです。

一方で、アタマは常にいま起きたことを理解したいと思い、手がかり（理由）を欲するところがあるので、手応えがないと逆に不安を感じたりします。

「できた理由がわからないと動けない」と思い込んでしまう人がいるのはそのためだと思いますが、「何気ない動きをしているときというのは、アタマよりも先にカラダが経験してくれている時間なのだ」と思ってみてはどうでしょうか。

それだけで気持ちが楽になり、ふだんの練習に対する取り組み方も変わってくるのではないかと思います。

（甲野陽紀）

第3章 「立つ」と「座る」は奥が深い

あたりまえにそこにあるものがいちばん大事、
といわれることがあります。
たとえば、空気、水、森の樹々…
なるほどなあ、と思います。
カラダの動きでいうなら、
それは、「立つ」と「座る」かもしれません。

日常の動作はどれも、
「立つ」と「座る」と
どこかでつながっています。
あたりまえのことだからこそ、奥が深い。

身近で、深い「立つ」と「座る」の世界。
深いからこそ「磨きがい」もあります。

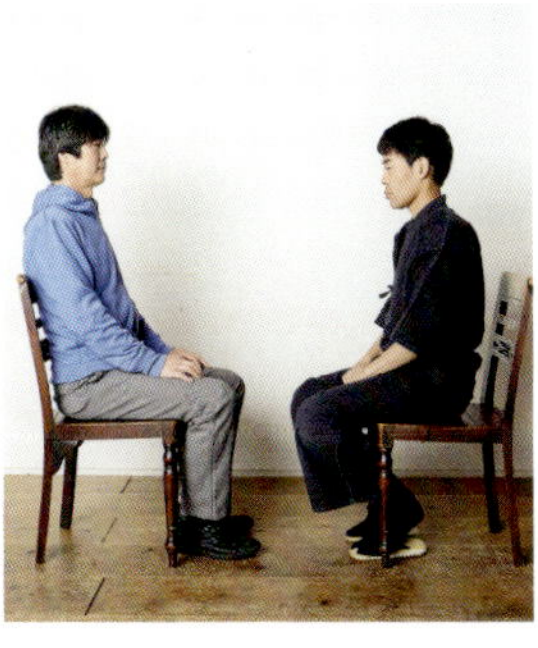

「立つ・座る」について思うこと

立つと座るは、大きく動く動作ではないからこそ、その人の経験値や背景がおのずと現れるものだとわたしは思っています。

講座の合間などに、参加された方から「立ち姿勢がきれいですね」と言われることがときどきあるのですが、わたし自身は、自分の立ち姿を気にしたことはほとんどないのです。

あえて理由を探せば、カラダが動きやすいようにするにはどうしたらいいか、ということばかりを考えていたら、「結果として」、「動きやすい姿勢」がそのまま「きれいな姿勢」と言われるところにつながってきた、ということかなと思います。

そういう意味で、立つ・座る

たとえば、電車の中で本を読んだり、携帯を操作しているとき。

「しっかり座ろう」と考えていますか?

は「その人の経験値や背景がおのずと現れるもの」だとわたしは思っているです。

とはいっても、立つ・座るという動きを自分なりに変えようとする場面もときにはあります。

慣れない場所で、立ち姿勢や座り姿勢を保ったまま、話をするような場合には、やはり、ふだんより緊張しそうになることがあるのですが、そんなとき、緊張しているから緊張しないように、などと考え始めたら、逆効果です。かえって緊張が抜けず困った、という経験はわたしにもあります。

そんな経験の教訓から、最近心がけていることは、そういう自分の状態に気がついたときには、緊張しているカラダではなく、それ以外のところに注意を向けるようにする、ということです。

たとえば、その「会場全体の空間」に注意を向けていると、だんだんにカラダの緊張がぼやけていくような感覚がやってきて、気づくと適度な緊張感とともに、やるべきことに対してすっと集中している自分を発見したりします。

実は、同じようなことは、みなさんもふだん知らずにやっていることです。

電車の中で、本を読んだり、携帯電話を操作している人をよく見かけますが、こういうとき、その人自身は「しっかり座ろう、立とう」とは思っていないはずです。ところが、電車が大きく揺れても姿勢が崩れることもなく、案外しっかりと、ひとつの姿勢のままでいられるのは、「座るという動作そのものではなく、ほかのところに注意が向いているから」なのです。

前がかりになりやすい人は
① かかと先の感覚を活かしてみる

立ち姿勢のとき、どちらの感覚を活かしていますか？
つま先派？　かかと先派？

躓きやすい人は、「かかと先」を気にかける立ち方で

「では、いつものように立ってみてください」

わたしは講習のときにこうお願いすることがあるのですが、「いつものように」が「だれでも同じように」ではないところか、まさにカラダの個性です。

立ち姿勢の個性は大まかに、「つま先側を頼って立つ人」と、「かかと側を頼って立つ人」に分かれるようですが、多いのは〝つま先派〟でしょうか。

日常動作は前方への動きが多いこともあるのだと思いますが、前がかりになりすぎると、「躓きやすい」につながる場合があるので、気になる人は、「かかと先を気にかけながら立つ」を一度やってみてください。過度にかかと先に頼っても不安定になってしまいますが、前がかり気味の人には、しっかり感が変わったことが体感できるはずです。

「足裏の感覚」と「立ち姿勢の安定感」には密接な関連があるのです

つま先派の立ち姿勢を検証してみました。やはり、不安定になりやすい？

つま先で床に触れる感覚をまず確かめて
つま先を軽く床に触れてから、立ち姿勢をとります

安定感をチェック
立ち姿勢のまま両腕を前に出し、その両腕を上から押してもらいます。立ち姿勢がしっかりしていれば崩れないはずですが…

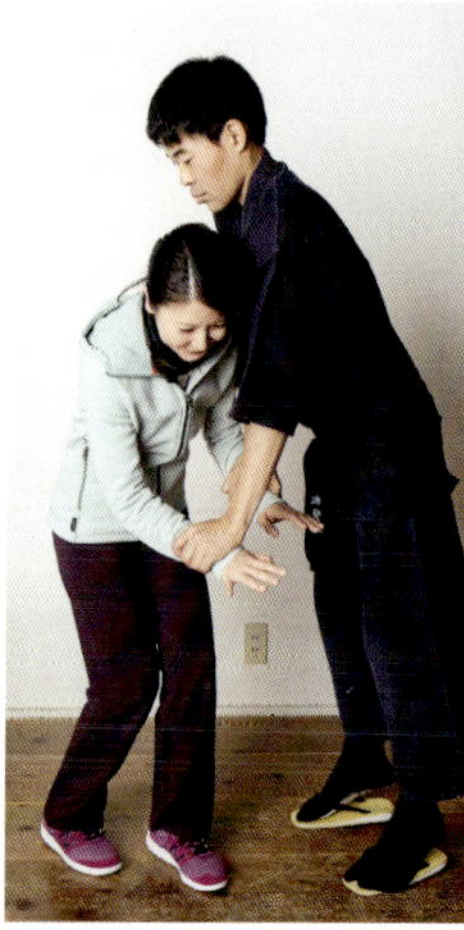

簡単に崩れてしまいます

次はかかと先派の立ち姿勢。この安定感は抜群のはず…

「かかと先」の位置は、かかと先端、丸みのあるところ

かかと先で床に触れる感覚

丸くなったかかとの部分を軽く床に触れてから立ち姿勢をとります。前がかり気味の人は、この時点で立ち姿勢の感覚が変わったことがわかると思います

では、腕を下方に勢いよく引っ張ってみます!

「ごくふつうの立ち姿勢をとり、腕を下に引っ張ってもらう」だけのテストですが、かかと先派とつま先派で、その安定感はがらりと変わります。自信満々でかかと派の立ち姿勢をとっていたIさんにちょっと意地悪をして、腕を前方に引いてみると一転、ぐらり⬇。油断していると、こんなふうに崩されてしまうこともあります。これも「カラダは一瞬にして変わる」一例です

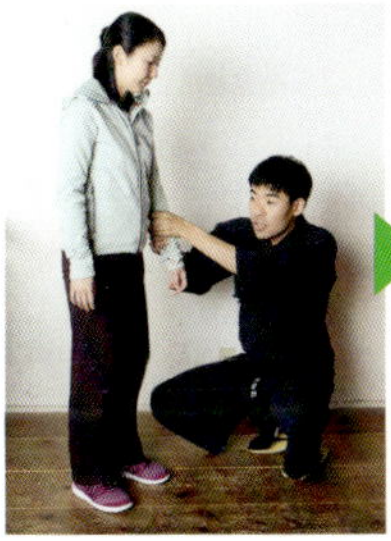

「陽紀先生、ちゃんと引っ張ってます?」
「もちろん、やってますよ…」
かかと先派、やはり余裕たっぷり、です

でも、前がかりになると一転…

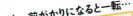

足元が軟らかかったり、起伏のある場所では

②「片足の足裏全体で踏み込む」感覚を活かす

足元は高さのある岩場。ここでふだんの力がはたして?

Mさんの笑顔が正直な気持ちを物語っている

「こんなに緊張していたとは…」

と、自分でも予想外の展開に苦笑いのMさん。足元は高さのある岩場。しかも目の前でストンと落ち込んでいますから、緊張するなといっても無理な状況なのですが、周囲に気をとられると、それだけでカラダは安定感を失ってしまいます。いつものMさんより対応力が落ちてしまったのは、そこにも理由があります

「ヒザが伸び、肩にも力が入り、カラダが固まっていると…」

肩の力の入り具合、ヒザの固さなどから、Mさんの緊張が伝わってきます。わたしが加えた力は「ほんの軽く肩を押した」程度なので、いつものMさんなら十分対応できるはずなのですが、緊張して固くなってしまったカラダは、その力を打ち消すように吸収できなかったのです

アウトドアのように足元が不安定な場所では足裏の感覚が頼りになる

カラダには、「見る」を一生懸命やると「動きが止まる」という法則があります。足元が不安定な場所で目を使いすぎると、動きが止まって、さらに危険になることもありますから要注意。こんなとき頼りになるのは「触覚」です。

〝岩の上でのカラダの安定感テスト〟に協力してくれたMさんが見事にそのことを証明してくれています。

足元の高さを目にして思わず緊張してしまったMさんですが、岩に触れる「足裏の感覚」に〝耳を澄ませた〟途端、柔らかな動きに戻ったのです。

足裏の感覚を活かすこと。アウトドアではとくに覚えておきたいカラダのリセット法のひとつです。

岩場や山道、雪山、砂浜などのアウトドアでもすぐに役に立つ 「片足の足裏全体」で踏み込むと安定感が戻ります

左足の足裏全体で岩をとらえている

目には同じように見えても、カラダの内側で感じているのは片方の足裏を踏み込んでいる感覚。これが「立つ」の安定感を、飛躍的に高めてくれる秘訣です

両足ではなく、「片足の足裏全体で踏み込む」は大事なポイント。両足ではかえって動きにくさが出てきてしまいます。見た目にもわかりやすいように片足をあげて「足裏全体で踏み込む」を検証したのがこちら⬅。最初とはうってかわって、静かな自信を感じさせるMさんの表情からも、カラダの安定感が伝わってきます

検証! 岩場とは真逆の状況、「軟らかい土」の上の場合の安定感は？

両足の足裏全体で踏み込んだとき

落ち葉の絨毯の上で。最初は両足で踏み込んだ場合

軽く触れただけでグラリ。岩場での検証と同じ結果に

片足の足裏全体で踏み込んだとき

今度は右足の足裏全体で踏み込んでみると…

横からの力を何気なく吸収できるしなやかさが戻りました

末端の力を活かして「立つ」の安定を磨く！

長い時間の「立ち姿勢」のとき、疲れたときなどでも〝しっかり感〟をパッと取り戻せる

③「ぐらついてきたなあ」と思ったら、末端から動く！

さて、このあと崩れるのは、どっちでしょうか？
よく似ていますが、じつはまったく違う動きなのです。
「あげた足のつま先を気にかけているほうが強い」がヒントです

「注目する」という力に注目！

片足立ちで、両腕を押さえつけられている。こんな姿勢をはたして維持できるのかどうか？

〝ごくふつう〟に考えれば難しいこんなことも、カラダの使い方によっては「できてしまう」のが、カラダが本来持つ〝才能〟です。

片足立ちをしている〝二人のわたし〟のうち、「崩れないほうのわたし」は「つま先」を「気にかけて」立っているのですが、注目していただきたいのは、この「気にかける」「注目する」というカラダの使い方です。

これが、さまざまな場面でカラダの〝才能〟を引き出す鍵のような力を持っているのです。

答えはもちろん…

ここまで読んでくださった方は、すぐピンときたのでは、と思いますが、崩れたのはⒶのわたし。とくにどこにも注意を向けず、なんとなく片足をあげた状態だったのですが、片足を保つことと、押さえられた腕をこらえることの両方に気をとられた時点で勝負あり。Ⓑはつま先を気にかけていただけなのですが、その効果はOさんの検証にもはっきり出ています

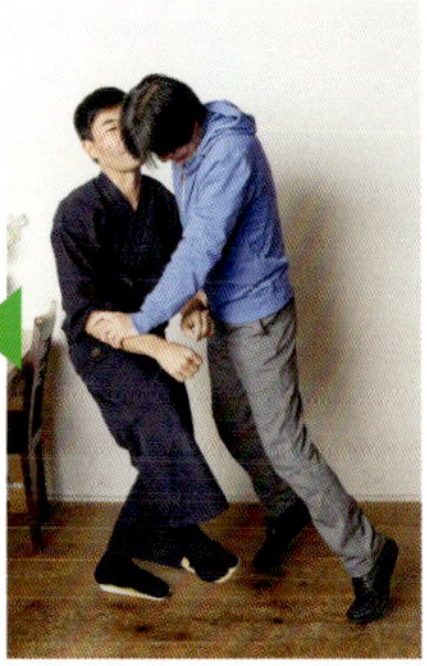

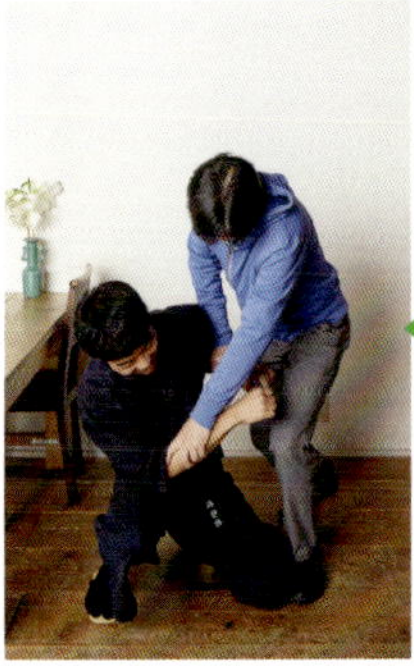

あげた足のつま先を気にかけたとき。この抜群の安定感!

腕を支えに跳んでもびくともしない!

あげた足のつま先に注意を向けることで、散っていたカラダのまとまり感が戻ってきます

強く注目する必要はありません。「ここが足のつま先だな」と軽く気にかけるぐらいで十分にカラダはリフレッシュします

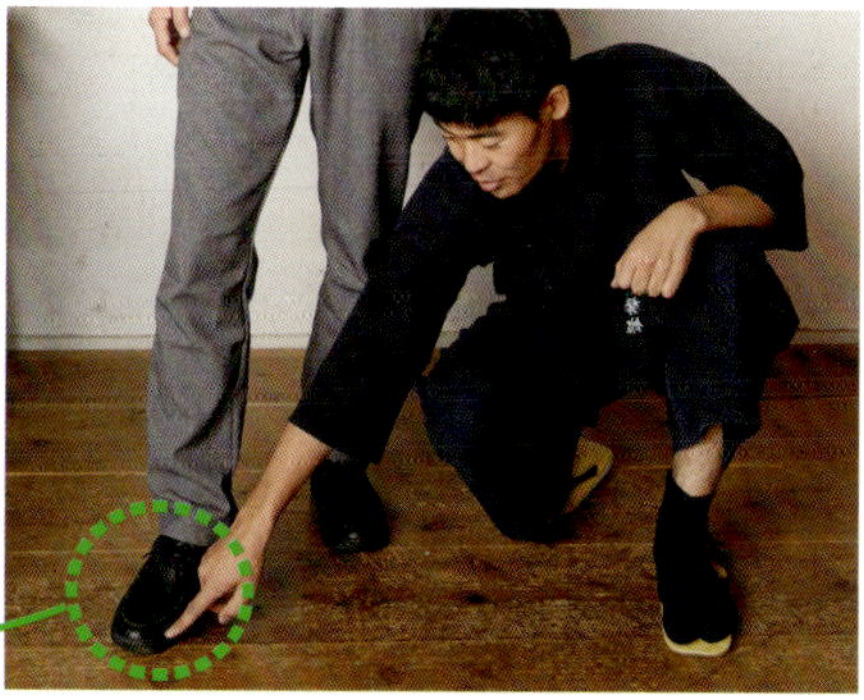

「末端の力が効果を発揮する場面」について大まかに整理してみました

①どんな場面でも、「ひとつ」に注目する

これが動くときの大原則。つま先ならつま先、かかと先ならかかと先、のように、ひとつの末端に注目することで、動作と効果の関係がはっきりと見えてきます。

②「立ち姿勢で動く」ときには「動かす足のつま先」

「片足をあげる」「歩く」など、足を動かしていくときには、「動かす足のつま先」が注意を向けやすく、安定感も得られやすい末端です。

③「立つ」「しゃがむ」などの姿勢を安定させたいとき。前がかりになりやすい人は「かかと先」。後ろに反り気味の人は「つま先」。自分のカラダの個性に合わせて

静的な立ち姿勢やしゃがみ姿勢には、人それぞれのカラダの個性が反映されています。どの末端への注目が効果があるかは、個性の発見にもつながります。

④「姿勢をよりしっかりと保ちたいとき」は「足裏全体」へ注目。安定感にしなやかな強さが加わります

「足裏全体」への注目は、静的な立ち姿勢をよりしなやかに、しっかりさせる効果をもたらします。アウトドアや足場の悪い場所でしっかり立ち姿勢を保ちたいとき、心強い味方になってくれる末端です。

検証!「手の指先」効果は?

お馴染みの方も多いと思いますが、手の指先ももちろん安定感回復に貢献します。要領は五本の指先を軽く合わせるだけ。立ち姿勢の安定感を取り戻したときなどに重宝すると思いますよ

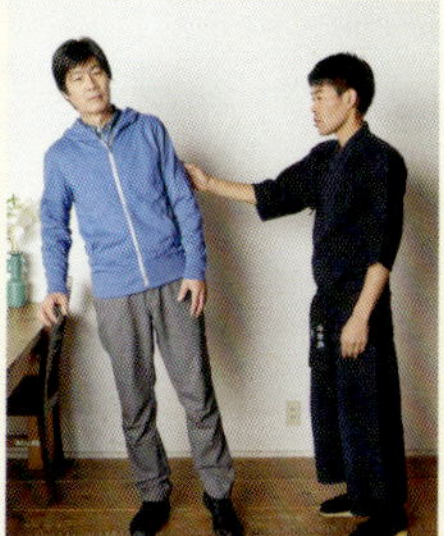

どこにも注目を置かないでただ立っているときは、横から押されると、ぐらつきますが…

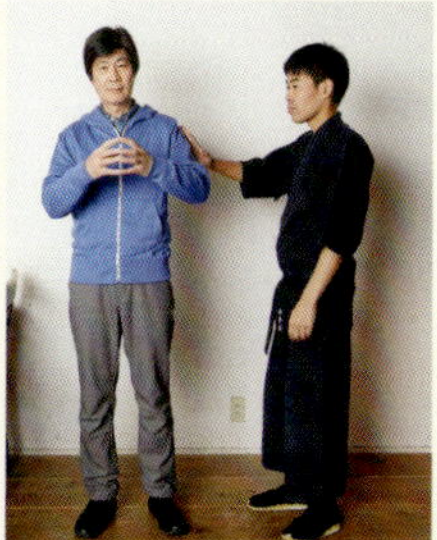

両手の五本の指を、合わせておくだけでカラダにしっかり感が戻ります。強く合わせるのではなく、軽く「ただ合わせておくだけ」がポイントです

末端から動くから体幹もすばやく動く
〝指先ターン〟というワザに挑戦！

あっ、ぶつかる！
➡と思った瞬間、180度の急転換。
可能にしたのは何の力？

下のⒶとⒸの二枚の写真。一歩進む間にほぼ180度転換したわけですが、じつはこの二枚の写真の間にあるコマはたった一コマだけなのです

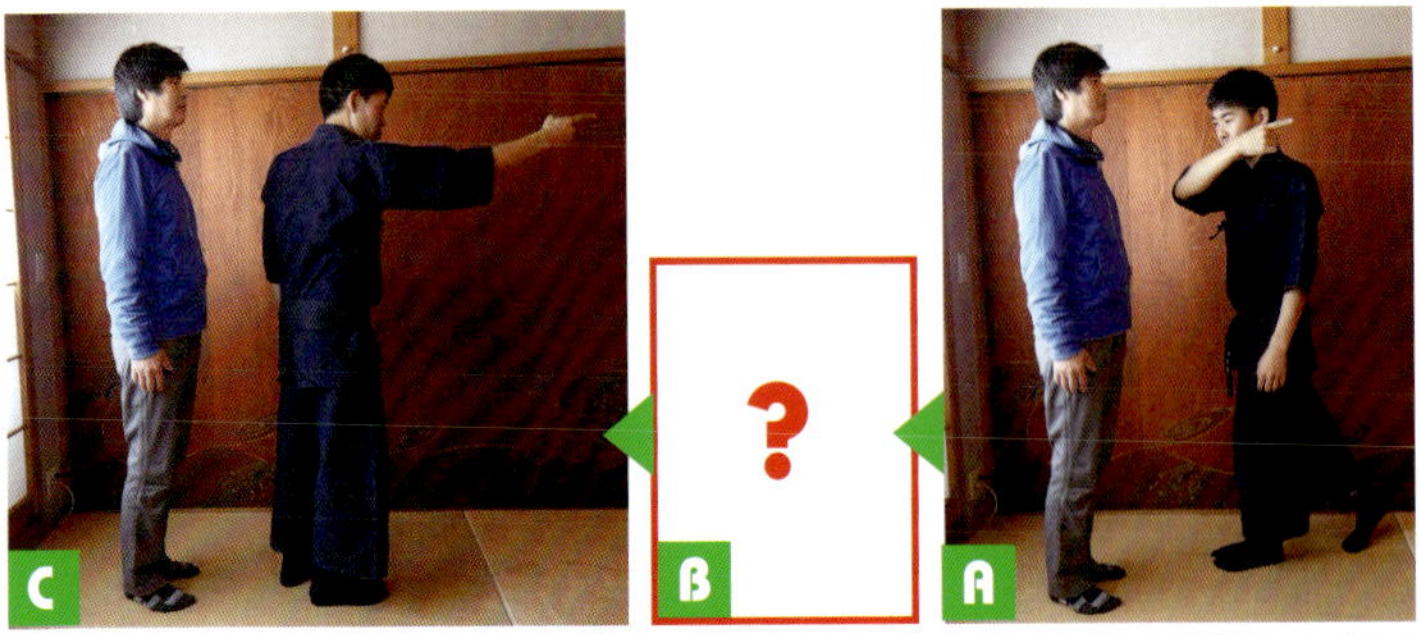

Oさんとわたしの距離はこの時点で歩幅一歩程度。ここからくるりと急転換をしたいのですが…

この〝指先ターン〟という方向転換術は、「指先に引かれるようにカラダは動く」という、わたし自身の経験則から生まれたもの。実際、指先に導かれたカラダは実にすばやく回転してくれるのです！

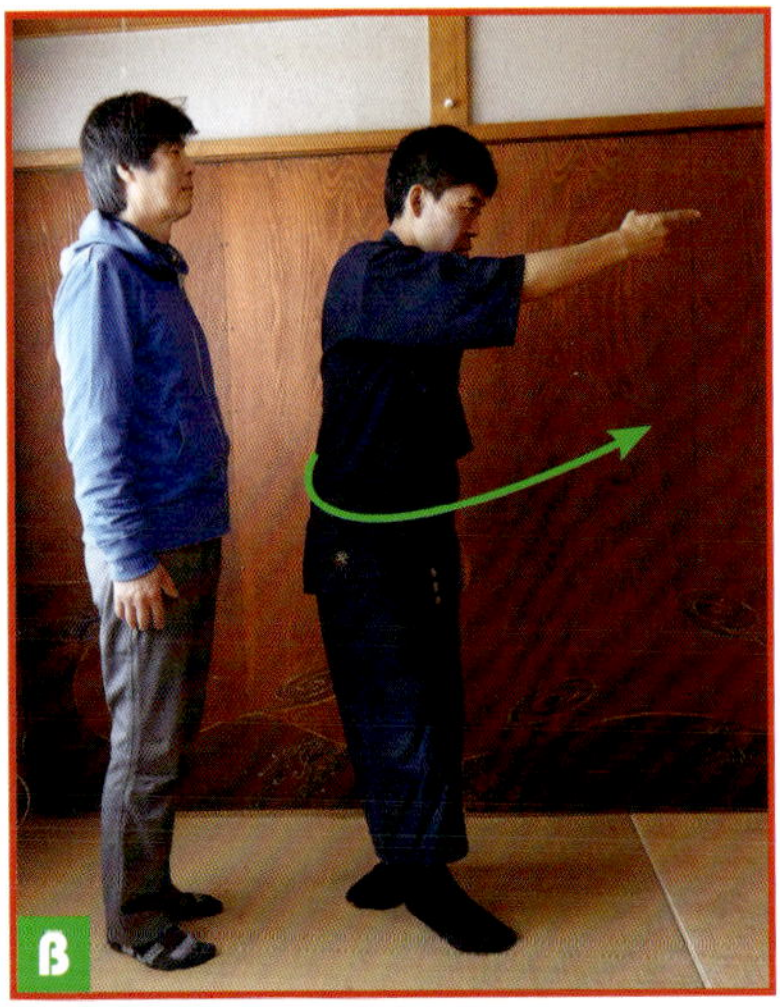

指先から動いてくるりと向きを変える〝指先ターン〟。「指先から動く感覚」も確かめられる、実用的で楽しい日常動作の〝ワザ〟です

「指先」の力が可能にした動き

歩きながらくるりと回転するには、歩きの勢いを上手にカラダを回転する力に変えないといけないので、簡単そうで意外にむずかしいものです。

上の写真のⒶからⒸの動きがまさにその急転換なのですが、二枚の写真の間にあるのはわずか一コマ（写真Ⓑ）だけ。ほとんど瞬間の動きということがおわかりいただけると思いますが、みなさんにご紹介したいのは、この動きを可能にした力、「指先から動く」という小さな力の魅力です。

同じような動きに見えても、ただ〝指さし〟をしているだけでは素早いカラダの動きは生まれません

指先からではなく、
腕から動いているのでカラダが回らない…

ポイントは「指先から動いているか」どうか

とかく見た形にとらわれがちなわたしたちですが、動きと効果の関係をとらえるときに大事なのは形ではなく、「どのように」動いたのか、ということ。この場合、〝指さし〟という形は動きの補助、「どのように」は「指先から動く」なのです

⬆指先を動かしているつもりが、実際は腕を動かしているだけなので、カラダがついていかない…という例。指先から動けば、上体も脚部もこんなふうに、くるりと回転します➡

指先という末端から動くことでカラダ全体のつながりが生まれます。だから、指先のすばやい動きにパッとカラダ全体が反応して動くのです

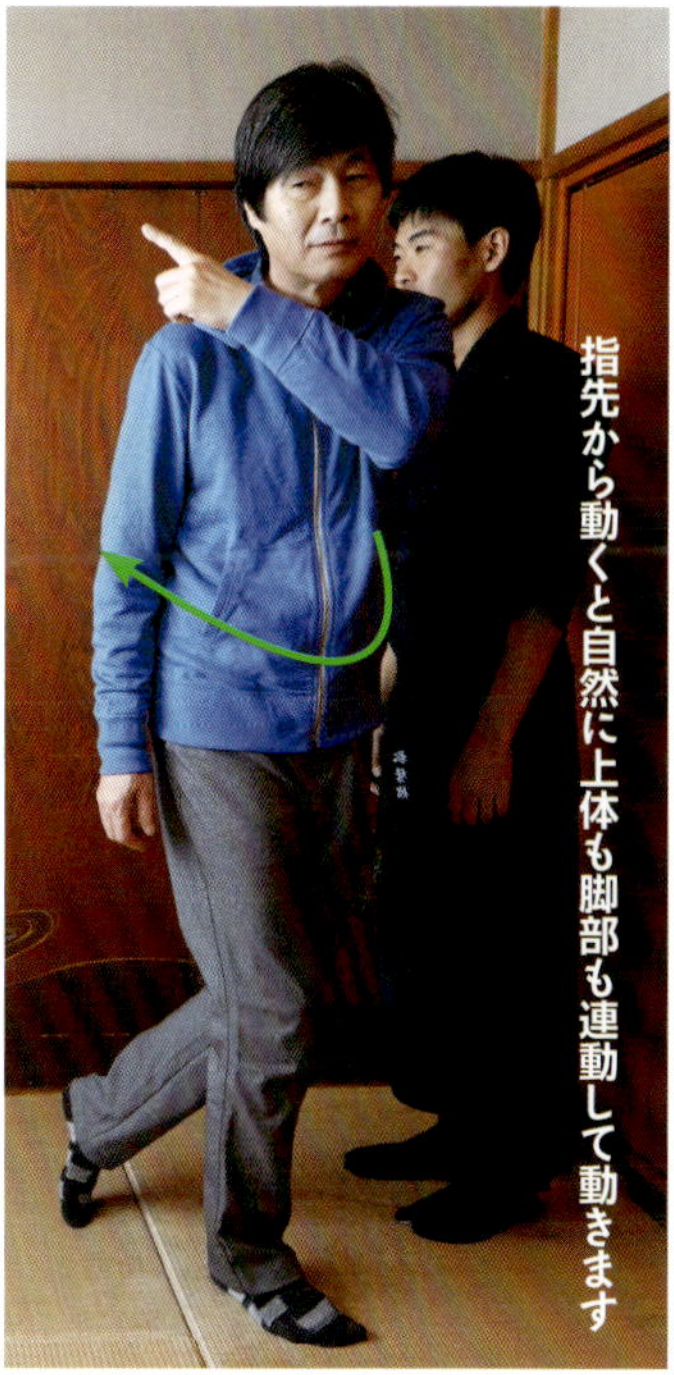
指先から動くと自然に上体も脚部も連動して動きます

〝指さし〟は補助的な動作なので、しなくてもパッと動ける人には不要ですが、補助動作は感覚をつかむためには役に立ちます

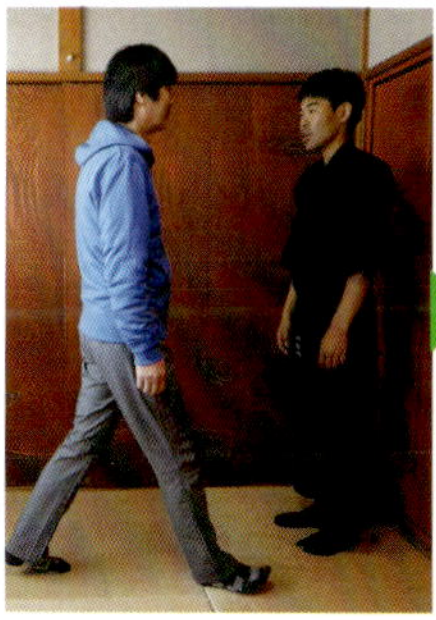

⬆身長があるOさんの歩幅は広め。かなりのスピードで壁にあわや、というところまで近づいてから、指先ターンを開始して見事ターン成功➡

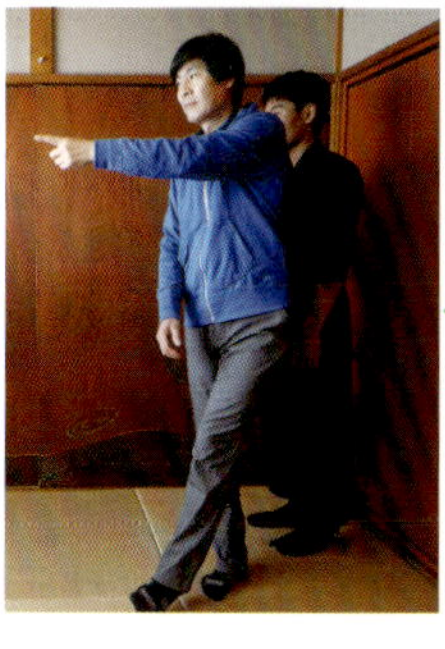

末端の力を活かす 応用編2

指先から動くから美しい “めぐる因果の” 立つと座る

左手の指先が引かれる動きにうながされるように、左足が引かれ、片膝立ちの姿勢が自然にできていきます。同じように、右手の指先が右足の動きを引き出すと、「座る」がおのずと形に。「座ろう」という意思がまったく働いていないかのような動きゆえに、無駄のない美しさが生まれてくるのでしょうか

「指先」に任せた「立つ」と「座る」

「立つ」と「座る」は表裏一体の姿勢です。

ひと続きの動きとなることも多いのですが、このとき、指先を先導役にして、「指先の動きにつられるように」、立つから座る、座るから立つをやってみると、態勢を崩しやすい動き出しも滑らかになります。

ついつい「指先を動かす」ことに気が向きますが、動きの要は、「指先から動く」ことです。

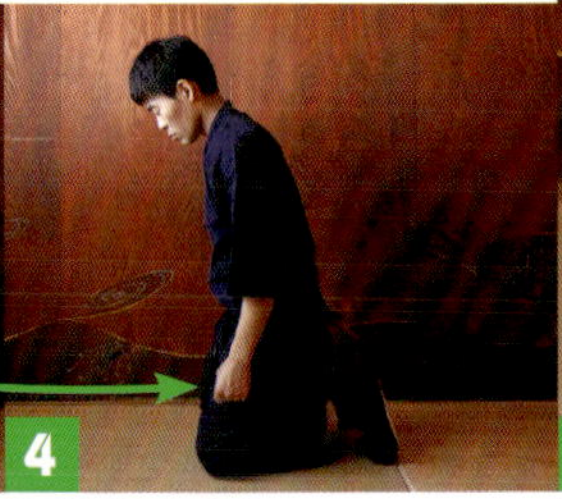

右手の指先からの動きが右足の動きを引き出します

両足をつま先立ちにして、いったん姿勢を整えます

つま先を戻して、「座る」へ。「立つ」はちょうどこの流れの逆をたどるように

末端の力を活かす 応用編3
足の指先から動く感覚を磨く
あぐら回し

1
はじまりは、あぐらでの座り姿勢

2
股下にたたんでいる一方の足の指先を前方に伸ばしていく。最初は親指は外側に向いています

3
足の親指を外側から内側へ、返していくと足首も返ります

4
そのまま、つま先から動き出し、カラダの外側に半円を描くように足を寄せてきます

5
腰をあげながら、足をカラダの下に戻して

6
あぐらに戻る。この逆の流れでも同じようにできます

足の指先から動く感覚を磨く

あぐら姿勢から、半円を描くように足を出し入れする動きがこの「あぐら回し」。パズルのような動きですが、ポイントは「足の指先から動く」ということ。それができていないと途中で詰まってしまうのです。

足の指先を意図を持って動かす機会は少ないので、「足の指先から動くからこういうことができるんだ」と体感できる点でも、役に立つ動きだと思います。

「座る」の安定を磨く研究会

「しっかり座っている」とはこういうカラダのこと

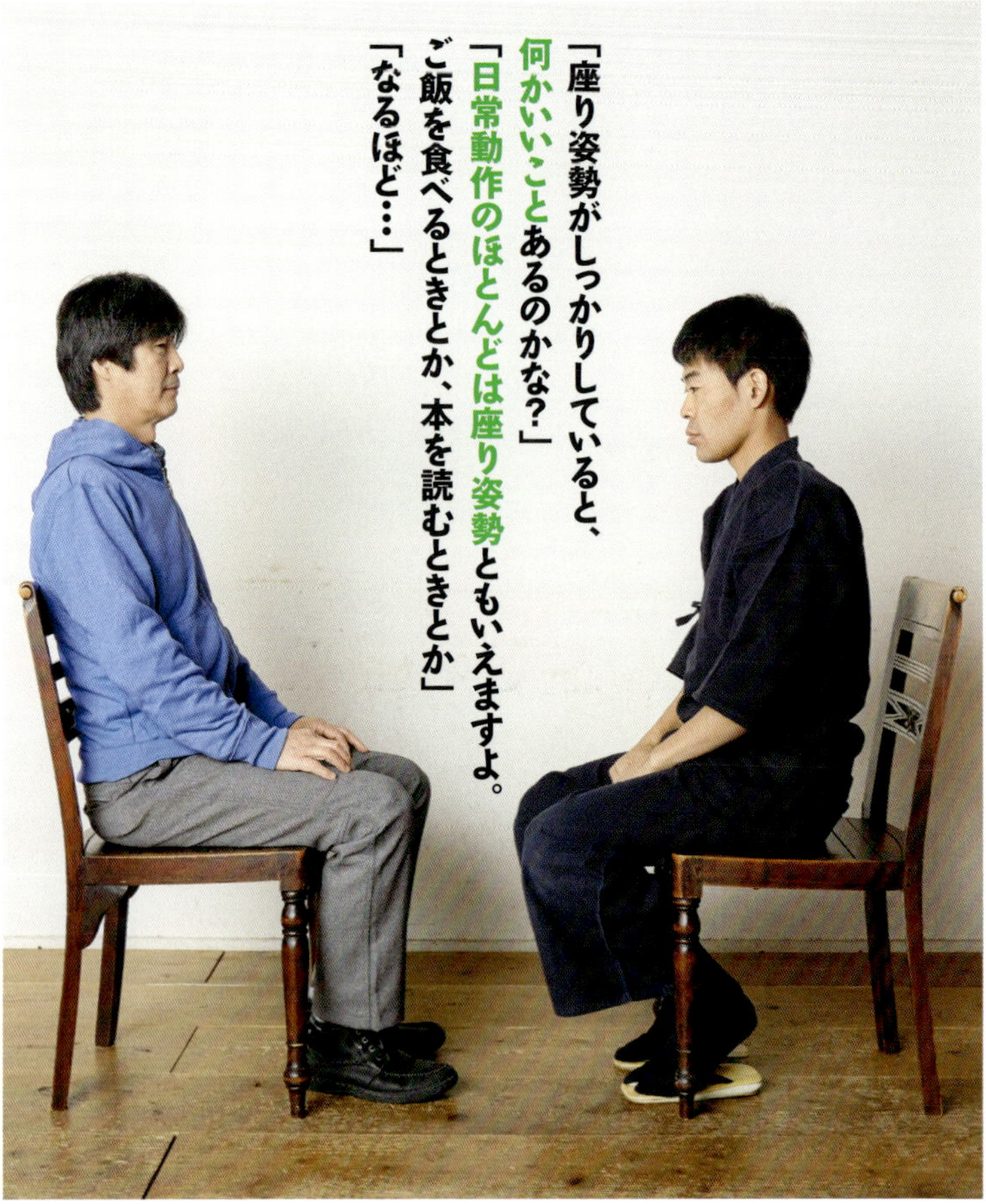
「座り姿勢がしっかりしていると、何かいいことあるのかな？」
「日常動作のほとんどは座り姿勢ともいえますよ。ご飯を食べるときとか、本を読むときとか」
「なるほど…」

座っていればみんな一緒？

「〝立っているとき〟にカラダがぐらつくというのはわかるけど、イスに座っているときはみんな一緒だと思うけどなあ」とOさん、首をひねっています。

たしかに一理あります。

たとえば、「イスに座るということは、体重を座面に載せることである」、と考えれば、たしかに「みんな一緒」です。

「ゆっくりと静かに載せる」「ドカンと尻もちをつくように載せる」というように、プロセスの違いはあっても、「座ってしまえば同じようなもの」に見えてもおかしくありません。

「同じように見えるんじゃなくて、同じなんだと思うけどね」

「では、確かめてみましょうか。座ったときのしっかり感の変化がわかる、お盆の〝引っ張り合いずもう〟をやってみましょう」

ということで、「座る」の研究会がはじまりました。

「座っているときのしっかり感はいつも同じ?」
〝お盆引っ張り合いずもう〟で検証してみると…

①〝ふだんの自分流〟の場合

ひとつのお盆を一方が引き、一方がこらえる〝お盆引っ張り合いずもう〟。最初はOさんに引く役をお願いしました。綱引きが典型的ですが、引っ張る動作はふだん、足を支点に踏ん張りながらなされることが多い動きです。座りながらの場合は、踏ん張りどころが見つけにくいこともあって、Oさんも戸惑い気味。わたしも簡単に対応しています

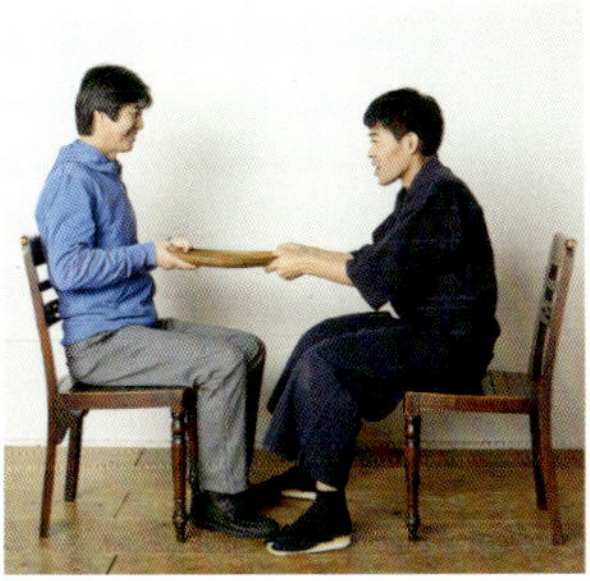

「このままお盆を引いてみてください」
「座っていると、踏ん張れないから、引っ張るといってもむずかしい…」
「そうですね、腹筋と腕の力に頼るぐらいしかできないですからね」

②カラダの使い方をひと工夫「片足の足裏」から踏み込んでみます

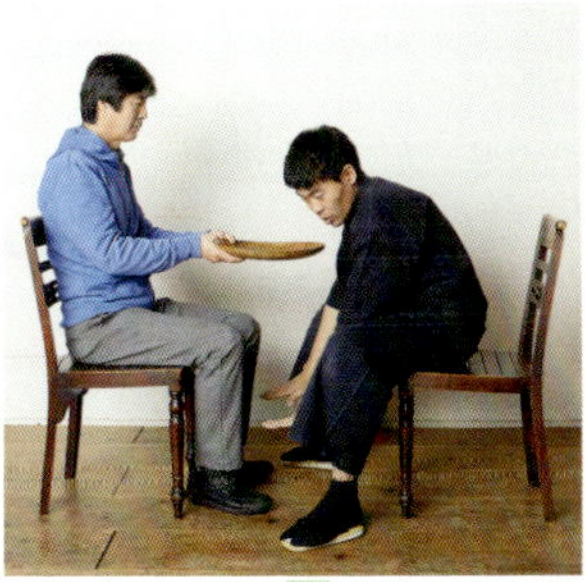

「今度は右足の足裏を踏み込んで」
「踏み込んだつもり、ぐらいの感じでいいのかな?」
「はい、それで十分です。では、もう一度やってみましょう」

力がまったくはいっていないかのようなのに不思議なほどお盆が動く!

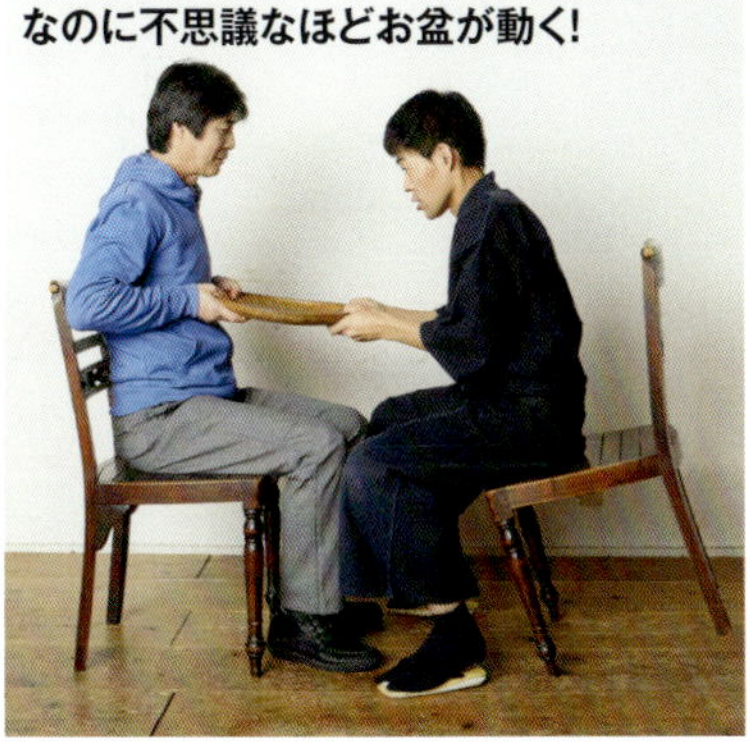

「あれ? 今度は引けるよ。陽紀先生、ちゃんと抵抗してる?」
「さっきと同じですよ」
「こっちは、さっきより引いている感じがないんだけどなあ…」

「じゃあ、逆にしてみましょう。わたしが片足の足裏を踏み込んでみます」
「お、いきなり変わったね!」
「ちゃんと引いてます?」
「引いとるよっ!…」

座り姿勢も立ち姿勢と同じように、カラダの使い方ひとつで変わります。座り姿勢がしっかりすれば、座りながらの日常動作も断然ラクになりますね!

肩があがるほど力いっぱい引いているわりにお盆は動いていない…

座り姿勢のしっかり感を変えてくれるのは「足の動き」。緊張したり疲れたり…そんなときは足の動きを借りて安定感をリセット！

「ただイスにカラダを預けているだけ」
いつもの座り方では?➡肩に触れただけで大きく崩れてしまう

座っていてもカラダは変わる

「座る」の研究会を体験して、座り方の大事さがよくわかったというOさん、苦笑いです。

Oさんの「いつもの座り方」は、ただなんとなく座っている状態に近いものでした。こういうときのカラダはギアの入っていない車に似ています。車体と車輪がつながっていないのですから車体（カラダ）がぐらつくのも当然です。ギアが入っていないのでパッと動くこともできません。

「両足を均等に踏み込んでいる座り方」は逆に二つのギアに同時にアクセスしているようなものですから、どちらかのギアを外さないと動き出すことができません。そのぶん、どうしても動き出しもワンテンポ遅くなります。

こうしてみると「座った状態からパッと動けるかどうか」は、座り姿勢の安定感を測るモノサシになることかもしれません。

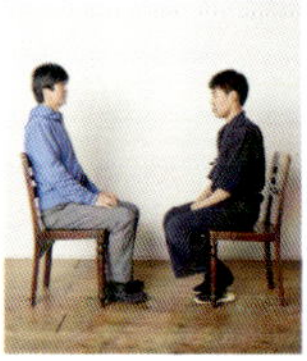

Oさんに「いつもの座り方」をしてもらい。「こんなに簡単に崩れるとは!」と、本人も驚く結果に⬇

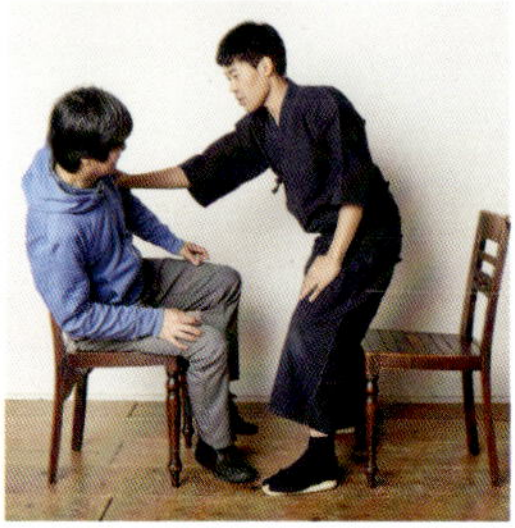

両足均等に踏み込むと?➡弱い…

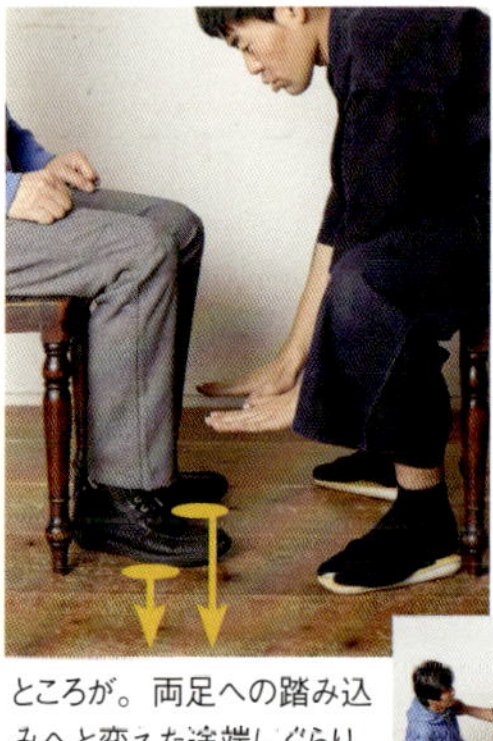

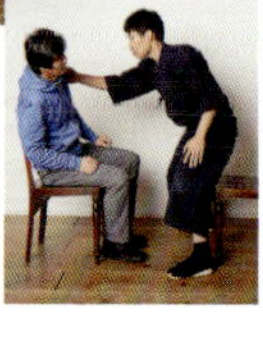

ところが。両足への踏み込みへと変えた途端にぐらり。「いつもの座り方」よりは強さはあるものの、踏ん張りどころで安定を維持するほどの力はないようです

片方の足裏全体で踏み込むと?➡強い!

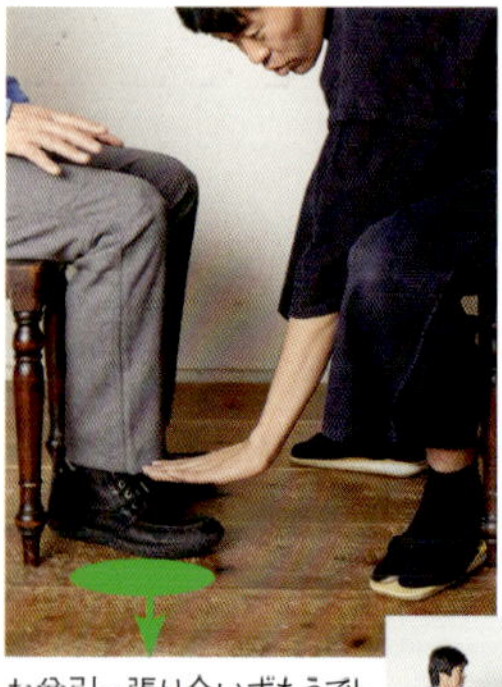

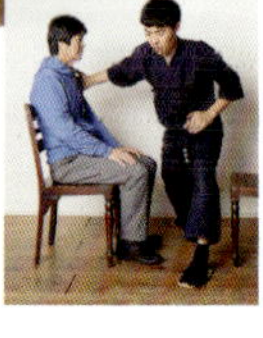

お盆引っ張り合いずもうでトライした「片方の足裏全体での踏み込み」。何も動作をしない座り姿勢でも、堅実な安定感を発揮

その場で足踏みを二、三度してみると➡強い！

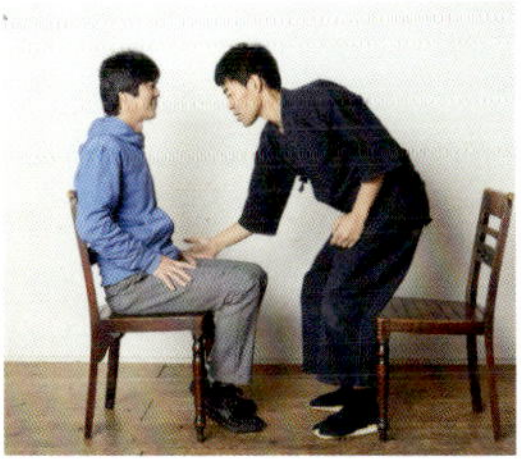

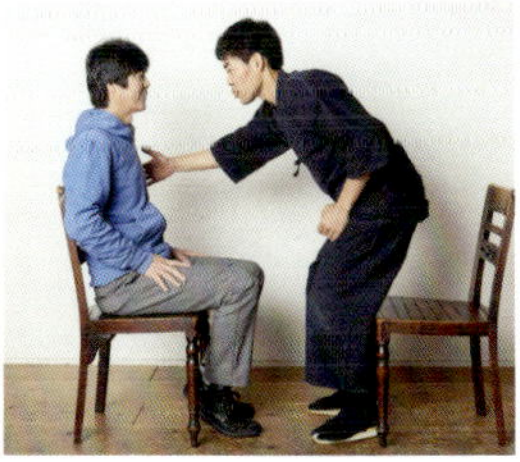

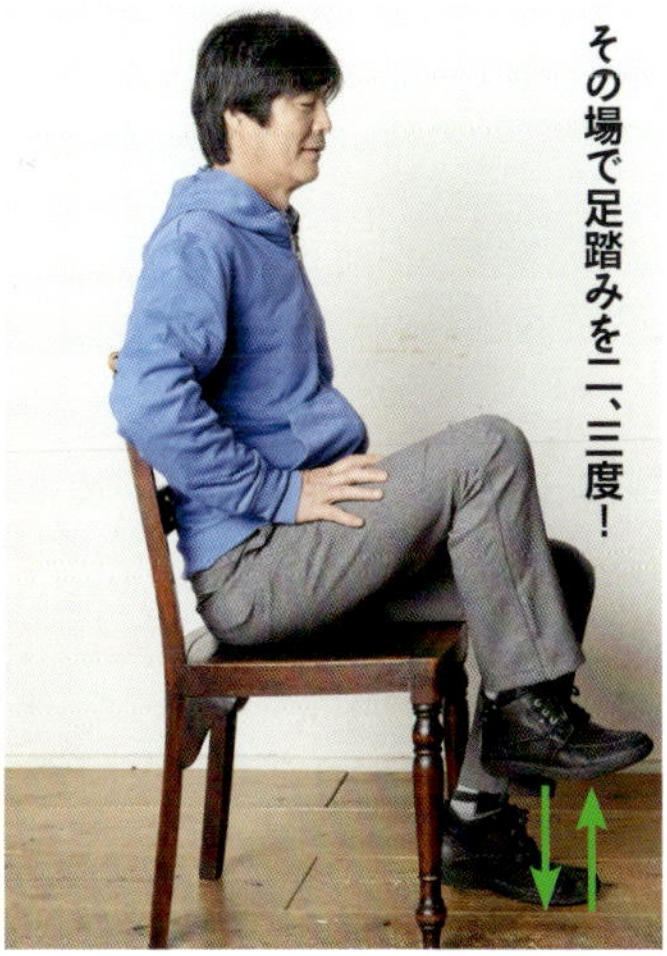

「足踏み」では？

片足の踏み込みを交互にやる動作が足踏み。しゃがみ姿勢をとるときや、立ち姿勢の緊張を解くときにも足踏みは有効ですが、座り姿勢ではどうでしょうか？

足踏みは二、三度で十分。多くやりすぎると足踏み自体が目的になってしまうので、カラダの感じも変わってきます。効果は上の写真の通り。肩を押されても、腰を押されても、柔らかさの中に芯のしっかりした強さを感じさせる座り姿勢になりました。長時間の座り仕事などで、疲れを感じたときのリセット法になると思います

「だいじょうぶかな？」という不安を消す方法

あえて〃不安定に見える〃動きを利用してみると…

両手に何かを持って座っている。こういうことも日常ではよくあります。たとえば、コーヒーカップの載ったお盆を持って座っている、というようなとき。こぼしてはいけない！と不安になるものですが、この不安がカラダには難敵。気持ちが散ってしまうと途端に安定感も失われます。こういうとき、「カラダの使い方で不安を消す」方法を知っていると心強いものです。

試みに、Ｉさんに「お盆を持ったまま片足をあげる」という動きをしてもらったところ、予想通り、効果がありました。

この場面で「片足をあげる」という動作は不安定さを増すように見えますが、だからこそ、Ｉさんは「ひとつの動作に注目」することができ、結果としてカラダはしっかり感を取り戻した、というわけなのです。

「片足をあげる」は一例です。大事なことは「いましている動作に不安があるとき」は、「注意をその動作以外のことに向ける対象を考える」ということ。

気がつけば不安は消えている、というのがうれしいですね！

「いましている動作そのものに注目すると不安定になってしまう」のがカラダです。歩き方を考えた途端、歩きがぎこちなくなった経験はみなさんもありますよね？「気をつけないといけない」と思ったときほど、そのこと以外のことに注目を向けてみる。これも大事な日常動作術のひとつなのです

特別コラム1

「動きやすいカラダ」が教えてくれる三動一定というカラダの法則

手足とカラダはバラバラには動いてはいない

手足というカラダの末端の動き、とくにその協調の仕方をよく観察していると、ひとつの法則と呼びたくなるようなある関係が見えてきます。

それは「支える」と「動く」が同時に存在しながらカラダの安定をつくりだしていく協力関係です。

たとえば、座り姿勢で片足の足裏を踏み込むとき、その「踏み込む足」は「支える動き」となって、残りの手足に「動ける自由」をつくりだします。

たとえば、歩くとき、先に踏み出した足は、「次のステップの支え」となり、踏み出す足に〝自由〟を与えます。そのとき両手は文字通り〝フリーハンド〟な状態にあります。

カラダの末端である手足は、一見バラバラに動いているように見えながら、実は結果としてカラダにしっかり感が生まれるよう協力しあっているようなのです。

この協力関係の中でも、カラダがもっとも安定して動きやすい関係、それが「三つの手足が動き」「一つの手か足が支えの役割をしている」関係です。

折りたたんだ白い紙の上に乗っている右足が支える役割。残りの手足は自由に動くことができる状態です。このとき、手足は「三動一定」の関係で動いている、と考えられます

支えになっている足裏が、小さな白い紙からはみ出ないように向きを変えることもできます

手足の「三つが動き」「一つが支える」。
この関係が成立しているとき、
「立つ」や「座る」にはより安定感が、
「動く」には自在さが加わります。
まるでカラダの〝調子いいよ〟という声が
聞こえてくるようです。

手足の動きのこのような関係を、
わたしは、「三動一定（さんどういってい）」
と呼んでいます。

二動二定（二つを動かし、残り二つを動かさない）や一動三定（一つを動かし、残り三つを動かさない）の動きとくらべてみると、三動一定の動きの安定感がわかります

手足が三動一定の関係で動くことができているとき、カラダは安定感を増し、動きも自在になります。

写真の中の〝片足で踊るわたし〟も、一見不安定そうに見えますが、〝踊っているわたし〟にはまったく不安感はなく、三つの動いている手足に合わせながらカラダが勝手に全体の動きを形づくっていく、そんな感じなのです。

この三動一定がもたらす動きやすさは、「歩く」や「走る」だけではなく、「立つ」「座る」といった、目にはむしろ止まっているように見える〝静かな動き〟においても、同じように感じられる感覚なのです。

☆三動一定の動きがよくわかる参考例は、ＤＶＤに収録しています。あわせてご覧ください。

「座る」の安定を磨く研究会 特別編

消しゴム作業中のカラダに聞いてみました

「〝三動一定〟の調子はどうですか?」

身についた動きは見た目にも〝美しい〟

「三動一定」の効果が身近に実感できる動きがないかなあ、と考えていたら、ヒラメキました。

消しゴムを使う動き！　紙を破らずに上手に消すには手足の連携が必ず必要なはずです。

「最近は使わないからねえ」と言い訳しながら、モデル役を買って出てくれたOさん、消しゴムと紙を手にした途端、パッと姿勢が変わりました。小中学校時代にはきっと毎日経験していた動きなのでしょう。

確認の意味を込めて肩のあたり、腰骨のあたりを横から押してみたのですが、こうなると、びくともしないことは試す前からわかっています。

消しゴム作業をする手と、支えになる手、動きを確保している両足が協力しあった動きなので、上体は押されてもは崩れない、まさに「三動一定」が成り立っている動きです。

これも消しゴムを使うという「ひとつに注意が向かっている」からできること。

一心不乱に何かに取り組んでいる子どもたちのカラダは本当にしっかりしているんだろうなあ…そんなことも考えさせられた、Oさんの〝身についた動き〟。

こういうときの動きは、カラダが安定しているばかりでなく、見た目にもどこか美しさを感じさせてくれるものだと思います。

「背筋を伸ばして消しゴム作業をしてください」とお願いしてみると…

姿勢を気にすると途端に崩れてしまう！

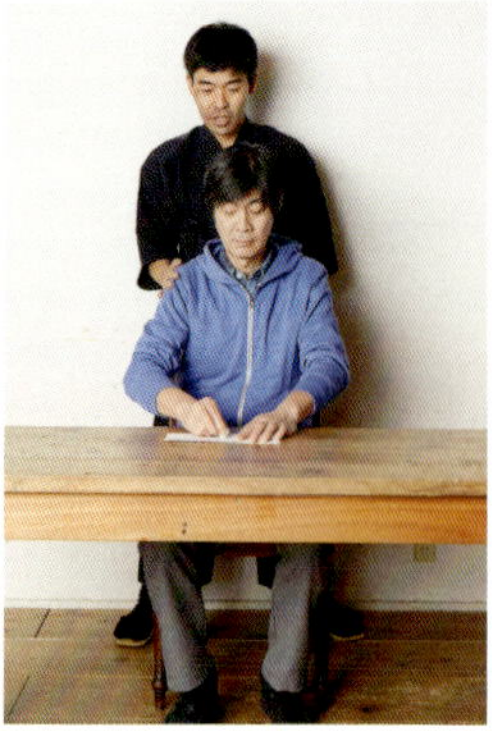

消しゴムを消すだけに集中していたときは、柳に風のしなやかさだったOさん。「姿勢をよくしながら消しゴムを使ってください」とお願いした途端、適当に立てられた公園の立て看板のような頼りなさに。「ひとつに注意を向け続けている」ことはやはり、動くときの大前提なのです

「どうです、〝消しゴムシゴト〟の調子は？」

「うん、調子いいよ。肩を押すとき手加減しなくていいからね」

「座り姿勢、しっかりしてますね!」

「えっ! 押したの？

気がつかなかったよ…（なあんてね）」

消しゴムの持ち手は「動く」を担当。両足は支えのようでいていつでも動ける状態をキープ! しているのです
紙を押さえている手は、紙を押さえながら同時に、ほかの手足のアシスト役として「支える」に回っている。だからカラダはしっかり!

1

2

3

甲野陽紀の 誌上体話塾 Q&A

「では、カラダに聞いてみましょう!」❸

Q 立ち仕事の方はけっこう多いですよね。

長時間の立ち仕事です。疲れにくい立ち方ってありますか?

A わたしも講座ではほぼ立ちっぱなしですが、同じ立ち仕事でも、動いていると、「立っていることの疲れ」はあまり感じないですよね。

Q 動いているほうが楽?

A 「動ける状態」、というのがカラダにとって楽なんですね。逆に、カラダを固くして立っているととても疲れるはずです。

Q ということは、立ち姿勢でも動ける状態ならいいわけですね。具体的にはどうしたらいいのでしょうか?

A まずは、前回も触れた、かかと先からの足踏み。ヒザの動きがよくなってリラックスできます。足踏みをしようとすると腰が伸びて位置が高くなりますから、腰への負担も減るという相乗効果があります。

Q 足踏みなら簡単ですね。

A そうやって、ときどきリフレッシュしながら、「片足の足裏全体で立つ」を心がけるといいですね。これも「動ける状態」を取り戻すコツです。

揺れる電車の中でぐらつかずに立つコツは?

Q これもよく聞く質問です。

A アプローチはいろいろできるテーマですが、何かにつかまるときは「手の内全体で締めるように持つ」、立ち姿勢をしっかりさせたいなら、いま触れたように「片方の足裏全体で立つ」が効果あります。

Q 両方じゃなくて、どちらかひとつを採用する、と。

A そうですね。カバンを持っているときなら、両足の間にカバンをはさんで持つ。これだけでカラダがしっかりします。

Q 壁際でつかまるところもない、というときもあります。

A 壁を使えるなら、指先だけを壁に触れさせておく、という"手"もありますよ。

Q なるほど、指先効果!

A ぎゅっと押しつけると逆効果になるので、そこだけ気をつけてくださいね。

立ち上がるときのぐらつきが最近、気になってまして…

Q 立ち上がりのときに思わず

指の爪の裏側、少し丸みを帯びた部分、ここを「指先」と考えてください

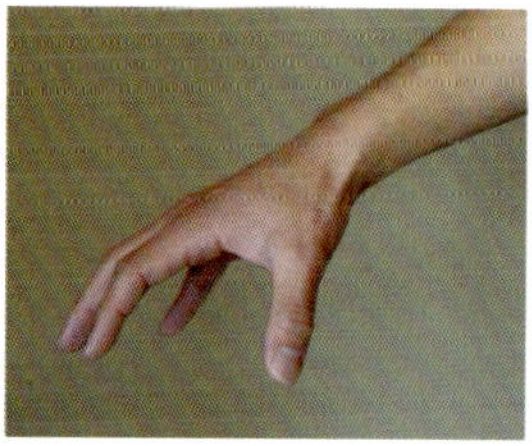
指先の力はイスからの立ち上がりも助けます。指先をこんな感じにして、太ももの上に軽く置いてから立ち上がると、動き出しが楽になると思います

よろけてしまう、という場面はよく見かけますが。

A　姿勢の変わり目ですからね。正座の立ち上がりは、いきなり立ち上がらず、座り姿勢のまま、つま先を立て、ひと呼吸置いてから立ち上がるといいですね。しびれが落ち着くまで、その姿勢で待つことができます。

Q　イスからの場合は？

A　電車の中の揺れ対策と似ていますが、指先を軽く腿に置いてから立ち上がると「全身で立つ」感じが出てきます。このときも、手のひらは腿に、「そっと触れるぐらいに」がコツです。

立っても座っても歩いても、きれいといわれる姿勢になりたいのですが…

Q　こういう願望は男女問わずありますよね。なかなかできないんですけど。

A　「きれいな姿勢」の基準は人によって違うかもしれませんが、安定感のある姿勢、無駄がなく忙しい感じがしない動きは、だれが見ても「きれいだなあ」と思うでしょうね。

Q　日常動作でそれができたら毎日が楽しいと思います。

A　日常動作は型があるようでないものですから、理想を決めて練習するより、「動くときの原点」になるような、自分なりの視点を持つことを、ふだんから心がけるといいですね。

ひとつあげるなら、まわりにある「動いていないものに注目して動く」と安定した動きになります。「きれいな動きをしよう」と思うとかえってぎこちなくなりますから、緊張するような場面ではとくに、この点を心がけて動くと、落ち着きのあるきれいな動きになるはずです。

甲野善紀と甲野陽紀の

縁あって親子対談

その二

武術を対応の技術としてとらえれば それは生き方全般に通ずる

陽紀　新しい技が生まれる過程を間近で見て興味深く思うのは、技のヒントが思いがけないところからやってくることがよくあるんだな、ということ。身体を動かす稽古のときばかりでなく、本や人との出会いだったり、何気なく散歩しているときだったり、動物の動きだったり、それこそ、今回の撮影でやってもらった「馬の絵を描く」ということでも何か〝気づき〟を得る。そういうところに、甲野善紀の武術の〝らしさ〟を感ずるときがあるのだけれど、どうだろう？

善紀　わたしの武術というのは、いってみれば「対応の技術」だから。相手が人でも、状況でも、あるいは環境でも同じで、「つねにそのことにどう対応していくか」ということだと思う。そう考えると、稽古はそのための端的なシミュレーションともいえると思う。

陽紀　つまり、どんなところにも武術が活かされる状況はある？

善紀　結局は、「どう生きてどう対応す

その場での対応が問われるときには、
お金も学歴も役に立たない。
そのとき身体がどうあるのか。
問われるのはそこだと思う

甲野善紀

技へのヒントが
思いがけないところからやってくる。
そこに、甲野善紀の武術の〝らしさ〟を
感ずるときがある

甲野陽紀

るかが問われる」という意味では、生き方全般に通じることだと思う。

たとえば、誰かから何か変な質問をされたときに、どう対応するか。そのとき、パッとよどみなく、何事もなかったかのように、返し続けられるかどうか。

身体がビクッとしてしまえば、言葉にも力がなくなってしまうけれども、身体が動揺しなければ、発した言葉は相手に力を持って届くだろうし、冷静に相手と対し続けることができると思う。

気まずい思いをしそうなときにどういう態度をとるのか、あるいは、困ったときにも自分が崩れることなくいられるか、といったこともみな同じことで、その場での対応が問われるときには、お金も学歴も役に立たない。そのとき、もっとも問われるのが「身体がどうあるか」ということだと思う。その場しのぎで、動揺しないようにと思ってもできることではないから。

だから、現代において武術の稽古をするというのは、どんなときでもより納得のいく自分であり続けるための稽古法として意味があることかな、と思う。

好きでやっている人は、常識にとらわれない。だから状況にも左右されず、長続きする

甲野善紀

何が起きても嫌な気持ちにならずにいられるか

陽紀 武術の世界を超えて、広く「対応の技術を学ぶ」ということを小学生でも理解できるぐらいに、シンプルな表現で言うとしたら、どうなるだろう？

善紀 何かあったとき、どうすれば自分にとって「より悔いの残らない言動」ができるかを訓練するということかな。

陽紀 いじめにあったときとか、苦手なテストに向かうときとか、そういうときにどうやったら嫌な気持ちにならずにいられるか、臨めるか。それは、大人にもいえることだと思う。

善紀 もちろん、そうです。そこでは、学歴とかは何の解決にもならない。

陽紀 知識があっても、そこで必要ない

知識にとらわれることもあるだろうし、知識というカードだけが増えても、そのカードを使う自分の考えがしっかりとなければ、かえって、迷うことが多くなるかもしれない。そういう意味では、「嫌な気持ちにならない人」というのは、どんなときでも「落ち着いていられる人」ともいえるような気がする。

好きだから常識を超えることがおもしろい

陽紀 武術に限らないことだけれども、何かを学ぶときに、続くときと続かないときがあって、その違いはどこからくるのか？と思うことがあるのだけれど…。

「嫌な気持ちにならない人」とは、どんなときでも「落ち着いていられる人」のこと

甲野陽紀

善紀　ひとことでいえば、「好きでやっているかどうか」。好きでやっていれば、周囲の状況が仮に変わっても、動揺したり嫌な気持ちにもならない。好きという気持ちは変わらないから、続く。

たとえば、わたしが25年間主宰していた武術稽古研究会を２００３年に解散してから、とても熱心に講座に継続して参加したり、松聲館に来て技の研究を一緒にやるような人はみな、技の研究が好きだからやっている人ばかり。ふつうはできないと思われるようなことをどうしたらできるか、とか、とても無理と思われる状況をいかにして克服するか、といった常識を超えるようなことの研究が好きな人たちだから、術理が常識を超えていればいるほどおもしろがってもらえる。

陽紀　自分もそうだから、それはよくわかるなあ…。

善紀　反対に、段位をとったり、指導員とかになって、資格を持っているということを肩書きに書きたいような人は来なくなって、稽古に集中できたのはありがたかった。スポーツ選手の場合は、専門が長ければ長いほど、わたしの技が常識と違うことが多いので不安になってしまうようだね。いま動けているレベルより落としたくない、と思っているので、いままでと違うことをすると、とても不安になるらしい。そこで不安にならず、おもしろいと思ってもらえたら、絶対にいままでとは違う展開になると思うけどね。

（Ｐ１２０に続く）

武術から日常動作術へ

抜刀術のカラダの使い方

半身を超える長さを持つ日本刀と、ともに舞うかのような甲野善紀の抜刀術。抜刀術を成り立たせる場の状況について、創案された技の動きについて、甲野善紀が語ります。

「稲妻抜き」

刀を抜いて迫ってくる相手に相対する技として

ここで紹介する抜刀術は、通常「居合」として知られているものと同様の武術です。

これはすでに刀を抜き放って迫ってくる相手に対して、こちらはまだ刀が鞘に納まっている状態でいかに対応するか、ということを問われている武術であり、その困難な状況の中で、「いかに体を捌いて相手の攻撃に間に合わせるか」というところに、本来は、この技を研究する妙味があります。

（甲野善紀）

「雨龍」

相手の左腕を下から斬り上げる技、「雨龍」

「一の祓い」

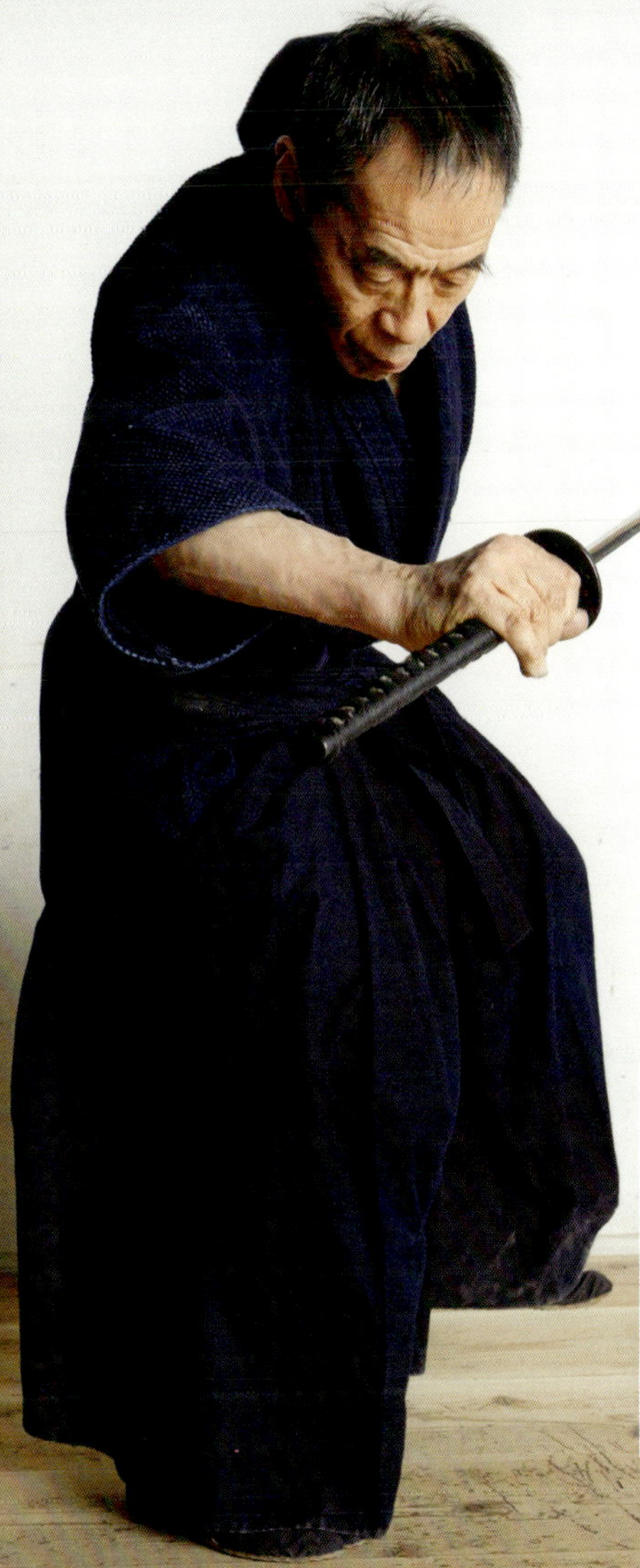

「翡翠」

刀を抜いて迫ってくる相手。どう間に合わせるか？

「見えないが相手はいる」型の意味を知って新鮮な気持ちに

抜刀する瞬間はどうやって決まるか?と、以前から不思議に思っていたのですが、今回はじめて、「見えない相手と相対しているのだ」と知って、新鮮な驚きと納得がありました。しっかりとひとつの対象をとらえたとき、カラダの動きは磨かれる、というわたしの経験とも重なるものでした。「刀を持つ」という経験は、「カラダがひとつにまとまる」という感覚をより確かに教えてくれるという効用もあります。現代において武術を学ぶ意味は様々あるのだと思います

（甲野陽紀）

相手がどのような攻撃をしてくるかで型は変わる

抜刀術には様々な型がありますが、これは「打太刀」と呼ばれる相手がどのような攻撃をしてくるかによって、その応じ方が様々に違うからなのです。

例えば、中段正眼に刀を構えて間合いを詰めてくる相手に対して、刀の柄にかけた右手を、むしろ前に出して相手の攻撃を誘い、相手が右手に斬りつけてくる一瞬、刀を下に抜きつつ、カラダを左に捌いて、抜いた刀を相手の右籠手につける「**稲妻抜き**」、相手が中段から突いてくる刀を、カラダを右に変化させつつ刀を抜いて、相手の左腕を下から斬り上げる「**雨龍**」、そして「**一の祓い**」、また、足を払ってくる薙刀などを、カラダを沈めつつ抜刀して、斬り落とす「**翡翠**」などが、私が工夫した抜刀術です。

武術から日常動作術へ

手裏剣術のカラダの使い方

手裏剣は「投げる」ではなく「打つ」という

手裏剣術というと、現代は漫画などの影響で星型の「車剣」と呼ばれるものを回転させて飛ばすものだと多くの人達が思っているようですが、一昔前は手裏剣といえば、小刀状の「棒手裏剣」と分類されるものが多くの人達にとっての手裏剣のイメージでした。

私が、もう半世紀にわたって、ずっと関心を持ち続け、研究しているのも、この棒状の針型、あるいは短刀型と呼ばれる手裏剣です。

なぜ五十年もずっとこの武術への関心が続いていたかというと、この型の手裏剣の飛ばし方のひとつである「直打法」が、非常に精妙な体の使い方を要求され、そのため、この手裏剣術の工夫が様々な他の武術の研究工夫にもすくなからず役立っているからです。

「直打法」とは、剣を飛ばす際に、手首のスナップが利かないように、ちょうど刀で何かを斬るような感覚で、近距離、遠距離に関わらず、手に持った剣を約四分の一回転以上させないで飛ばす方法です。

そのため、古来、手裏剣を飛ばすことを「投げる」とはあまり言わず、「打つ」と表現しています。同一の重心の剣ですべての距離を「直打法」で打つ技法は、難度が高いですが、それだけに妙味があります。

手裏剣術の工夫は他の武術の研究にも通ず

的が近づくにつれ、棒手裏剣は剣先をゆっくりと下げていき、ついには、的を射抜くのですが、様々ある的までの距離を体感で測りながら、手裏剣に与える力を微妙に調整していくには、精妙なカラダの使い方が要求されます

投げるのか、打つのか

四分の一回転した状態で棒手裏剣は飛んでいく

手首のスナップを使わず、「的に向かって斬りつけるような」ともいえる動きで棒手裏剣を飛ばすのが直打法。直打法によって空中に打たれた棒手裏剣はクルクルとは回転せず、約四分の一回転した状態を緩やかに保ちながら、的を目指して飛んでいきます

手裏剣と的と自分。
この三つの関係を
どうとらえるか？

手裏剣術のカラダの使い方

手裏剣打ちに挑戦！日常動作との接点はどこにある？

武術と日常動作がつながる視点を教えられた体験

手裏剣の稽古は場所を選びます。

わたしもこれまで数回程度しか経験はなかったのですが、広々した河原で改めて打ち方を試してみて、手裏剣を「投げる」といわず、「打つ」という感覚を少し体感できたように思います。

言葉とカラダには密接な関係があって、言葉によって動きが変化したり、新しい動きが引き出されるということは日々の経験が教えてくれることですが、手裏剣も「投げよう」と思ったときの動きと、「打とう」と思ったときの動きではやはり違ってくることがよくわかりました。

武具を使う武術の動きには、自分と相手と武具という三つの関係を的確にとらえる力も求められているように思います。

手裏剣打ちでいうなら、まずは手裏剣と自分がひとつのものとして動ける関係になっているかどうか。その上で、的までの空間を、体感する間として把握し続けることができるかどうか。

「棒手裏剣」。弓の矢とは違う飛び方をする手裏剣ですが、よく工夫された剣は飛翔物として、洗練された姿をしています

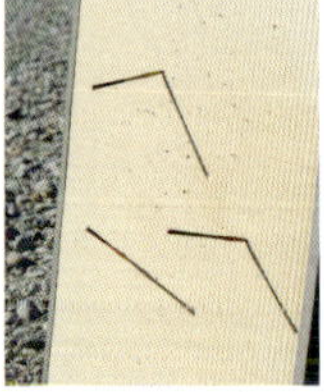

上手に打たれた手裏剣は、獲物を見つけた水鳥のように、的の手前でさっと頭を下げて的に突き刺さります

剣と手之内　手裏剣術は剣の回転を抑制して飛ばすことが必須ですが、そのためには剣と手指の摩擦度合が重要です。手指が乾燥していると、剣は手から滑り出やすく、逆に汗ばんでいると、剣は手から滑り出にくいため、こうした状況の対応も大きな課題です

棒手裏剣のきっ先を人差し指と中指の間に置き、剣身から剣尾にかけては手のひらで包むようにすると、しっくりくる持ち方に

状況はつねに変化するので、空間を物理的な距離ではなく、カラダの感覚としてとらえることができないと、一打で的を射抜くような、正確な手裏剣打ちはできないのではないか、とも感じます。

こうした視点は、決して武術だけのものではなく、むしろ日常動作を見直すときにこそ役立つものだと思います。

（甲野陽紀）

手裏剣は「投げる」ではなく「打つ」。言葉とカラダの動きの密接なつながりを感じながらの一打

手首を返さず剣を放つのですが、腕は勢いよく振り抜かれているので、剣が離れた後、手首は曲がります

Hさんは手裏剣打ち初体験。手裏剣を回転させずに飛ばす感覚をつかむまでがやはり難しいのです

コラム

〝アタマの発想〟も変えてみる

わたしの講座では、ときどき、「日常生活では何の役に立つのかぜんぜんわからない」動作をやってみることがあります（もちろん、責任者であるわたしには「何の役に立つのか」はわかっているのですが）。

たとえば、バトンのような短い一本の木の棒を小道具として使う練習。これは二人一組で向き合って行うものですが、動きは簡単なものです。ひとりがこの木の棒を両手でしっかりと支え、もうひとりがその支えられた木の棒を引っ掛けるように持ち、自分の側に引いてみる。ただそれだけなのですが、やってみるとなかなか興味深い結果が出てくるので、みなさん、だんだん〝深み〟にはまってしまうようです。

この練習のポイントは、棒を引く人が動くときに「注意を置くところ」を変えていくところにあります。たとえば、引く人が「棒を引こうとしたとき」と「棒を持っている手の指先を引こうとしたとき」では、結果は劇的に変わってきます。注意の置き方がうまく〝はまる〟と、とくに鍛えているふうでもないふつうの女性が、男性ががっちりと支えている棒を、ふわり！と何気なく引き寄せてしまう、ということも起こるので、「えーっ、なぜ？」という声が会場に響いて、ますます熱が入る…ということにもなります。

この「なぜ？」をどう読み解くか、ということには、いろいろなアプローチがあると思います。原理を追求する醍醐味もありますが、わたしはひとつの見方として、こうした練習は「発想を変える」ことの大事さを教えてくれるもの、と考えています。さきほどの例でいえば、「棒を引く」から「指先を引く」に「注意の向け方を変える」ということは、まさに「発想を変える」ということではないでしょうか。

得意としない動きをするときには「苦手だなあ」とか、「いつも失敗してしまう」と思いがちです。積極的になれないときはカラダも鈍くなっています。見方を変えると、これは、動き方を工夫するという〝カラダの発想〟だけでなく、動く目的や視点に注目する〝アタマの発想〟も「行き詰まっているサイン」と読み取ることができると思っています。

「〝アタマの発想〟を変えてみる」ことでカラダがスッと動けることは、実はたくさんあるのです。

（甲野陽紀）

写真提供／榊木笙

第4章

自分が変われば動きも変わる

カラダは「新しい体験」が大好きです。
新しい体験はカラダの感覚をリフレッシュして、
〝やる気〟を引き出してくれます。
はじめての土地を旅してみる。新しい服を着る。
読みたかった本を読む…日々の中に
新しい体験はいろいろありますが、わたしが心がけているのは、
いつもの見方から少しだけ離れて
「新しい視点」で物事をとらえてみる、ということ。
新しい視点は「新しい自分」と出会う入り口。
新しい自分に変われば、カラダも変わります。
カラダが変われば、動きも変わります。
それは、毎日自分で発見する「新しい体験」です。

いつもの動作をちょっとだけ視点を変えて見直してみたら…

自分より高いところにあるものを手にとるとき、ぐらつきませんか?

テーマ1

「背の高い本棚から本をとる」

「ぐらつく」のはなぜ?

「背伸びをすると、ぐらつく」というのは、よく経験することですが、背伸びをしていなくても、ぐらつくときがあるのも事実です。ぐらつくのは何か別に理由があるはずです…。

とりあえず手の届くところに手をかけようとした動き。つま先から指先までの協力関係が弱いので、横からの小さな力にも抵抗できないのです

本の下側を持つととりにくい、だからしっかり持とうという気持ちがあるので、「つかむ」動きになっています。しかし、つかもうとすると逆にカラダは不安定になってしまいます

目の前にある本をとりにいくとき、背のいちばん高いところに手がすっといくのは、そのほうが小さな力で本を引き出しやすいことを、経験的にカラダが知っているから

背伸びの前に カラダは不安定に?

つかもうとするとカラダは不安定になる。ということは第2章でも触れましたが、「つかもうとする」のは「しっかりつかまないと落としてしまう」という不安の裏返しともいえます。

自分の背丈よりも高い位置にある本を何気なくとりにいったOさんの手がまさにこの「つかむ」(Ⓐ-2)。目の前にある本をとったときの自然な軽さとは好対照です(Ⓑ-1)。

つまり、背伸びの前にOさんのカラダは不安定になっていたのです。逆に言えば、「つかむ」動きがでないカラダの使い方をすれば、安定感は戻ってくるということ。視点を変える方向がこれで明快になりました。

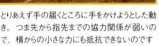

**見直してみたのは、
「手を伸ばすときにどこに注目するか」
ということ。
最初は「手の届くところ」を
目指していたOさんの目線を
「本の背のいちばん上」に
変えてもらって再度試したところ、
こんなふうに、しっかり感が
戻ってきました。**

本の背のいちばん高いところに注目したときの手の動き。「本の背のいちばん高いところに目線があるのだろうなあ」と思わせる丁寧さがあります。
比較すると写真Ⓐ-2は、「とりあえず持ちにいった」ような雑な感じにも見えます。小さな差ですが、この違いはカラダには大きな違いなのです

カラダは「全体をひとつ」としてとらえると安定する

「立つ」や「座る」にもいえることですが、ぐらつくのは、カラダ全体のつながりが弱いとき。「背伸び」も同じです。つま先は支えるだけ、手は本をとるだけ、というようなバラバラな動きでは当然、ぐらついてしまうのです。

さて、どうしたらカラダ全体が協力しあって動くようになるか？「本の背表紙のいちばん上に注目する」というアイデアはその問いから生まれたのですが、これには「本全体をひとつとしてとらえることで、カラダ全体のつながりを強くしよう」という狙いがありました。

発想の源になったのは、カラダは「動きの対象全体をひとつのものとしてとらえたとき安定する」という〝カラダの法則〟。経験則のひとつですが、適切な場面で上手に活かせば効果ははっきりと表れます。「新しい視点」を考えるときに思い出して、ぜひ役立ててください。

これは、本と自分のカラダがひとつになっている感覚、ともいえるかもしれません。前著『武術&身体術』で紹介した〈長い棒を安定して持つ〉ともつながる感覚です

いつもの動作をちょっとだけ視点を変えて見直してみたら…

持ち上げるとき、後ろ向きに歩くとき、少し不安定になりませんか？

テーマ2 「長机を二人で向かい合って持ち運ぶ」

「持ち運びにくい」のはなぜ？

角が立っていて、大きさもある長机は持ち運びにくいものです。「躓く」「角をぶつける」などは日常茶飯事。本来は「置いて使う」ものだから「持ち運びにくい」のはあたりまえ、とも言えますが、その理由は本当に「長机だから」？「もしかしたら雑な動作が机の持ち運びにくさを〝逆効果的に〟引き出しているのかも」と視点を変えてみたところ…。

①「持つ」を見直す ヒジ裏の感覚を活かす

「持ちにくいからしっかり持とう」という気持ちが逆効果になることは、前項でも触れましたが、長机を持つ場合も同じです。つい、机の端をぎゅっとつかみがちですが、その途端にカラダに力が入って肩があがり、動きが窮屈になってしまうのです。

この「持ち上げる」を、楽で自然な動きに変えるためのポイントは、第2章でも触れた「ヒジ裏の感覚」を活かしてみることです。

ヒジ裏を気にかけただけで、「手でぎゅっと持つ」という気持ちも消えていくから不思議です。同時にカラダのつながりも生まれてきて、肩があがって前に傾きがちだったＩさんの姿勢も元に戻ってきました。

ぎゅっとつかむように机の端を持つと、カラダに余分な力が入って動きにくくなってしまいます

指先を軽く引っ掛けるぐらいの軽い持ち方に変わりました

ヒジ裏の感覚が活きていることは見た目にもよくわかる

ヒジの表裏の感覚はカラダの内側で感じることですから、外からはわからないはず、なのですが、「しっかりしてきた」「きれいな姿勢になった」ことは実は見た目にもよくわかります。「なぜかはわからないけど印象が変わった」ということも、カラダについて理解を深めるときに、大事にしたいポイントのひとつです

肩の緊張も解けて、すっきりとした姿勢に

②「運ぶ」を見直す

さて。次は「運ぶ」ですが、二人で向かい合って運ぶ動作なので、ひとりは「後ろ向きに歩く」ことになります。わたしの足の運びに注目してください。

長机を持つことと、後ろに下がること。二つのことを考えながら動いているので、腕には力が入り、足元は恐る恐る…全身が連動しないバラバラの動きになっています。

**この恐る恐るな感じを
カラダの使い方でなくしたい、と
考えて注目したのが
「足の運び方」。
ポイントは二つあります。**

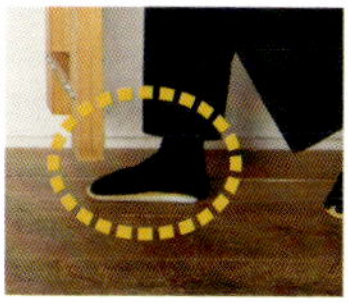

ポイント1

後ろに踏み出す足を足のつま先からしっかりとあげる

足のつま先からしっかりあげるような気持ちで。この動きで「恐る恐る」な気持ちも消えてくるはず

ポイント2

ヒザを後方に伸ばすような気持ちで足のつま先から踏み出す

上げた足を後ろに伸ばすようにするとのびのびした動きに。歩幅もまるで違ってきます

「恐る恐る」はカラダを固めてしまう原因のひとつ。足のつま先から思い切って動いていくことでカラダの緊張が解け、全身のつながりも復活します

「持つ」にも「運ぶ」にも不安がなくなると、カラダがしっかりしてくるので、堂々とした動きになり、後ろにある障害物もさほど気にならなくなります

バッグが重いなあと感じたとき、どうしてますか?

テーマ3

「手提げのバッグを〝軽く〟持つ」

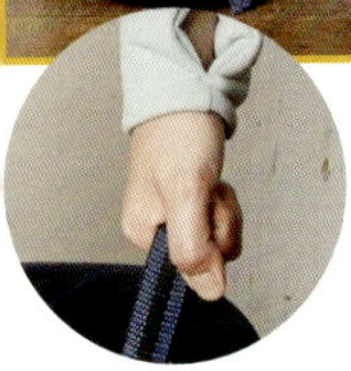

「重く感じる」のはなぜ?

第2章の「カラダはまとまると軽くなる」でも検証したように、ものの「感じる重さ」は、接し方によって変わります。手提げバッグとの接点になっているのは「持つという動作」。ここに「感じる重さ」を変えるヒントがあるようなのですが…。

「持ち手」を見直そう

バッグを両手で持つ例は第3章で紹介しましたが、手提げバッグタイプの場合、持ち手は基本的に片手です。それだけに、重いものが入っているときは、この写真のようにぎゅっと握ってしまいがちです。

しかし、「握る」は腕の力に頼るカラダの使い方ですから、女性にはとくに無理のかかるカラダの使い方といえます。

「ぎゅっと握らないように持つ」ために、「持ち手」を工夫した一例を紹介します。

「握る」から「引っ掛けるように」持ち手の動きを変えてみました。

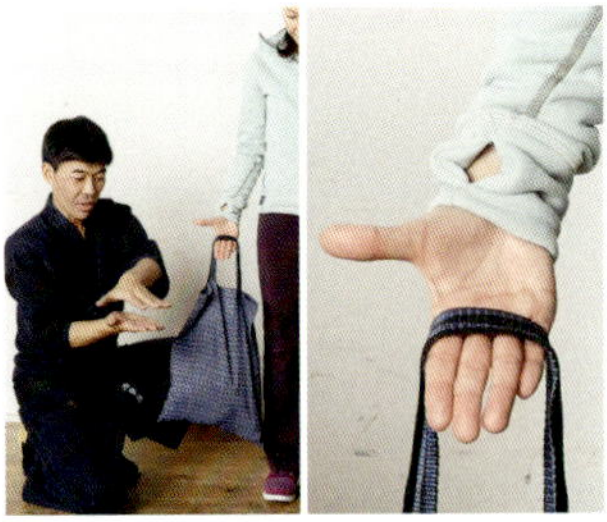

指の第二関節あたりに取っ手を置くと、「握る」動作になりやすいので、取っ手が触れる位置は、指の付け根あたりを目安に

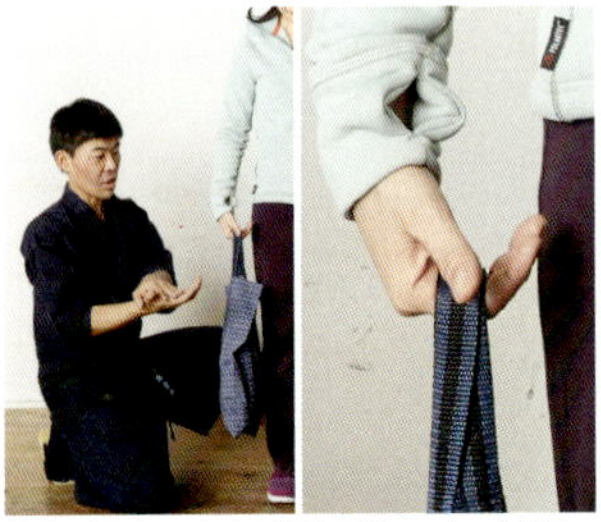

「握る」のではなく「引っ掛ける」感覚で。腕の力に頼らない動きが引き出されてきます

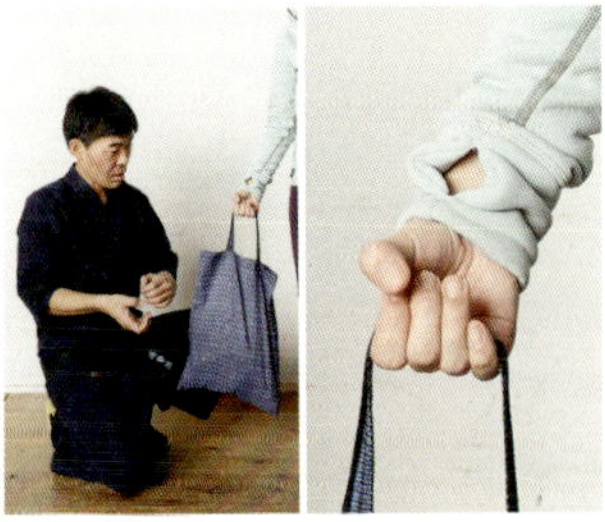

「引っ掛けている」ときの持ち手は、見た目にも柔らかさがあります

握らないことによって、腕だけでなく、カラダ全体の力が使えるようになります。カラダの安定感も見違えるように!

〝座り疲れ〟をリセットしたいときのコツ

テーマ4 「デスクワークする1日」

「疲れる」のはなぜ?

同じ長さの時間でも、緊張しているときと、楽しい気持ちで動いているときとでは、〝疲れの感じ〟は違います。デスクワークにも、そのことはいえるのではないでしょうか。

両足足裏を床につけたまま座っていると、カラダが緊張して疲れやすい

上体も足元もちょうどよい感じ。これなら長時間、仕事ができるはずです

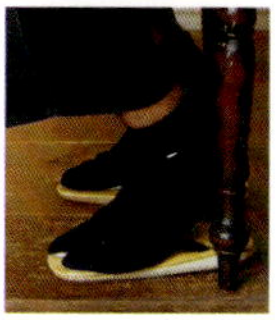

無理に〝背筋を伸ばしている〟感じですね。もう少し、柔らかさがほしいところ

足元はまずまずですが、上体が猫背気味。まだ改良の余地はありますね

足の置き方をときどき変化させるのが疲れにくい座り姿勢のコツ。足を動かすと緊張が解け、カラダ全体で座る感じが戻ってきます

足を動かせば、カラダも楽になる

デスクワークは、表向きは〝手のシゴト〟ですが、カラダを支えるのは〝足のシゴト〟です。三つの手足が動ける状態にあるときカラダがしっかりすることは、「三動一定」の項でも触れた通りですが、座り姿勢のときはとくに「足元の姿勢を固めない」が大事。「疲れたなあ」と感じたらまず足を動かす。これだけでシゴトが終わったあとの疲れがずいぶん違ってきます。

どれも、同じように見える座り姿勢ですが（Ⓐ〜Ⓓ）、〝足元の姿勢〟が違います。「両足の足裏が床についたまま」の姿勢と、「足の置き方が変化している」姿勢。この違いが、〝疲れの感じ〟を変えるのです。

演出家・森田雄三さんと一緒に杖という道具とカラダの関係を考えてみました

テーマ5 「杖をついて立つ・歩く」

杖という道具を通して カラダを考える

本書の撮影は、演出家として知られる森田雄三さんと、奥様の清子さんが主宰する「楽ちん堂カフェ」をお借りして行われました。

その経緯などは次項のコラムでご紹介しますが、二十数年前、病院の不適切な処置が原因で左足を切断することになったという森田雄三さんは以来、ずっと杖と一緒の日常生活を送っています。

杖という道具の力をもっと引き出すための「新しい視点」とは？

そんな森田さんに「杖という道具とカラダの関係」を考えるための協力をお願いしました。

森田さんに最初にお願いしたのは、「いつものように」歩いていただくこと。杖の扱いはお手のものの森田さん、「はいはい、いいですよ」と歩きはじめると、あっという間に往復完了。五、六歩ほどの短い距離とはいえ、よどみのない歩きは、傍目からも安定したものに見えます（写真Ⓐ〜Ⓒ）。

ただ、「もうひと工夫すれば、もっと楽に歩くことができそう」とも見えたので、ひとつだけアドバイスをさせてもらって、もう一度歩いてもらったのが写真ⒹⒺⒻです。

見た目の変化を カラダの内側でも実感

写真を見比べると、森田さんの姿勢や歩き方が変わったことに、みなさんも気づかれるので

森田雄三さんが歩く①

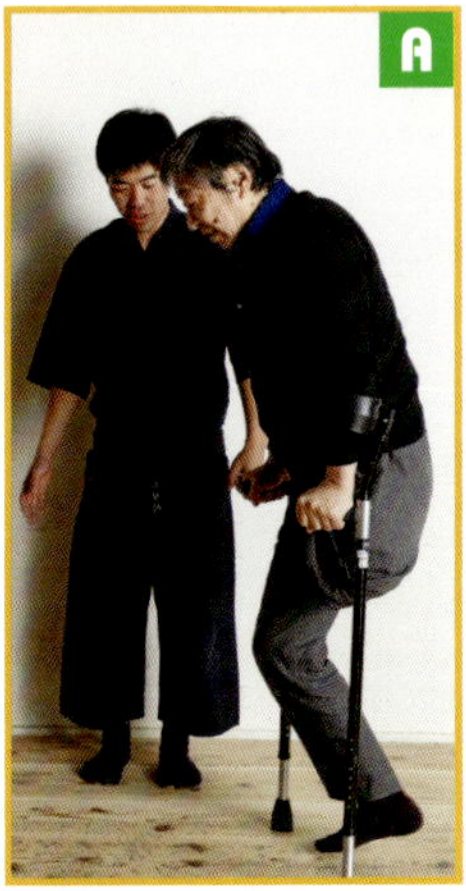

杖の持ち手にかなり力が入っている様子

安定した動きだが、目は次に杖をつく場所を探して下向きに

杖をつく位置が近いため、踏み出しはやや小ぢんまり

はないでしょうか。

二回目のほうが明らかに姿勢がすっとなって、歩幅が広くなり、踏み出しは強さを感じさせるほどです。

「撮影のあとに、リハビリのために外を歩いていたらスピードが出ちゃってね、びっくりした」と、後日、〝その後の進化〟を教えてくれた森田さんですが、「医者に言われて仕方なくやっていたリハビリが楽しくなりましたよ」とも語っていたように、この変化が「歩く楽しさ」につながったことは、何よりうれしいことでした。

杖と「一緒に」歩く

杖の先を気にかけて歩いてみてください――わたしがアドバイスしたことは実はこのひとことだけです。別の表現をすると、杖を「使って」歩くのではなく、杖と「一緒に」歩く、といって

森田雄三さんが歩く②

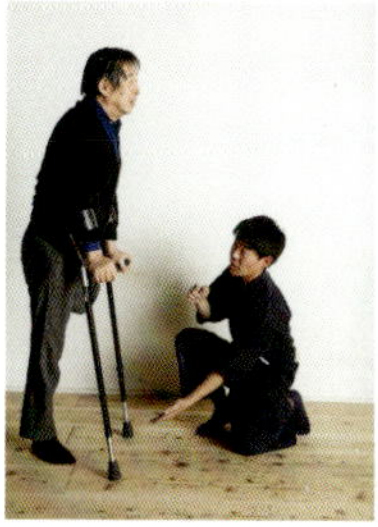

杖の先を気にかけながら歩いてみてください、とアドバイス

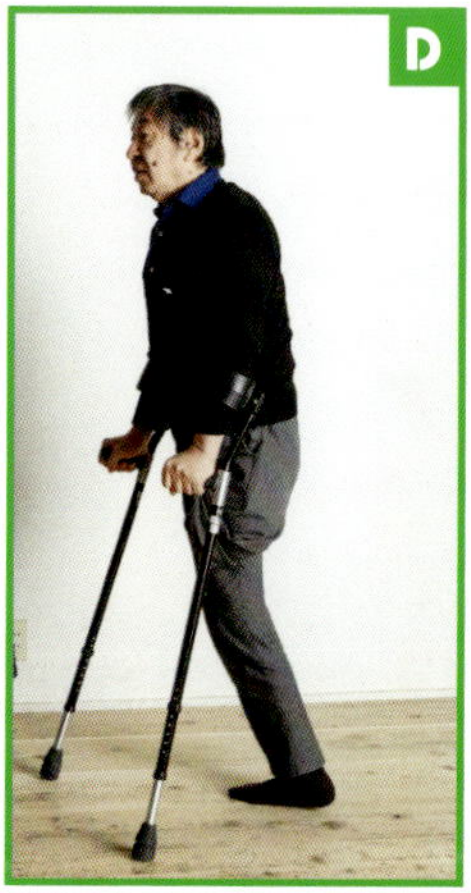

視線の先が遠くになり、持ち手の気配も激変。姿勢もすっきり!

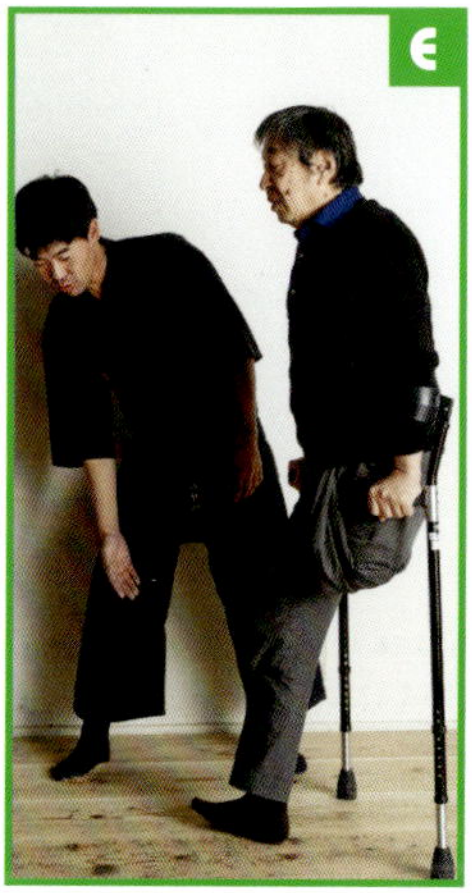

踏み出しにも、見るからに〝躍動感〟が加わって…

杖のつく位置が、より前めに。でもまったく不安はなさそう…

もいいかもしれません。

「杖を道具として使う」と考えると、杖をカラダとは別のものとして「操作したり」、あるいは「頼りたくなる」ものですが、「一緒に」と考えれば、杖を腕の一部として動かそうという気持ちに変わってきます。

森田さんも、その感覚をどこかで体感できたのではないでしょうか。杖に頼る感じがなくなる一方で、杖をつく位置はさらに前方へと変化しました。

このように、道具とカラダの関係を見直していくと、思いがけないほどの効果につながることがよくあります。

道具と自分が「ひとつにつながる」ように、注意の向け方を工夫してみること

これは、「自分を変える」視点のひとつです。道具を使う場面でぜひ役立てていただけたらと思います。

特別コラム2

「楽ちん堂」と「森田雄三さん」と出会って考えたこと、考えさせられたこと

あるとき、小さなイベントを開催したいと思って場所を探していたところ、導かれるように出会ったのが、今回撮影スタジオとしてお借りした「楽ちん堂カフェ」でした。

カフェのご主人は森田雄三さん。ご存知の方も多いと思いますが、演劇の演出家として、俳優イッセー尾形さんの舞台を演出されてきた方です。

「楽ちん堂カフェ」は、お二人の稽古場として使われていた〝由緒ある場所〟ですが、イッセーさんが舞台活動をお休みした後に、カフェ兼森田さんの演劇ワークショップの稽古場として、生まれ変わったのだと聞いています。

ですから、カフェのテーブルやイスを動かせば、あっという間に演劇の稽古場に早変わりするのです。

わたしも森田さんの好意で演劇ワークショップを少しだけですが、体験させてもらいました。

森田さんのワークショップは「演劇経験のない素人を4日間で舞台に上げてしまう」という大胆かつ画期的なものです。

参加者は、森田さんからもらったシチュエーション（イスに座ると、となりの人が泣いているなど）を手がかりに、すでにあるセリフをしゃべるわけでもなく、その場で自らの内面から出てくる言葉をつないでいくことでお芝居を成立させていき、本番の舞台では客席に笑いの渦をつくります。

実は私も楽ちん堂に出会うはるか昔、森田さんの演出した舞台を観て笑わされたひとりなのです。

わたしが参加したこの日のワークショップでは、「自分はこんなにもがんばって生きていたのか」ということにはじめて気づかされた、と感じた方もいたようです。

自分が知らず知らずのうちにつけていた〝生きるための仮面〟と向き合うときは少々踏ん張りどころですが、その集中した場は新しい自分を発見させてくれる場でもあります。

ふだんしている何気ないカラダの動きを研究しているわたしからは、用意された言葉ではなく、自分の中から言葉が自然と引き出されてくる場を成り立たせてしまう森田さんにはとても親近感がありました。

（甲野陽紀）

楽ちん堂カフェの印象はひとことで言えば、アットホームなカフェです。都会的なおしゃれなカフェとも、ビジネス街にあるような忙しいカフェとも違って、のんびりお茶していると近所の人が遊びに来たり、店先で野菜やパンを販売していたり…いわゆるカフェという名前ではくくれないような魅力を持った素敵な場所です。厨房スタッフの方々がつくってくれる素材にもこだわった料理の数々がとても美味しく、撮影中にもお昼の時間が楽しみでした

失敗できないから不安になる？　不安定だから不安になる？

テーマ6　「〃積荷満載〃のお盆を不安なく差し出す」

「不安になる」のはなぜ？

「お盆」を運ぶとき不安になること、ありませんか？
「こぼしてはいけない」「慎重に」と思えば思うほどどきどきしてくる…
こんなとき、カラダの使い方で不安を消すことができるのでしょうか？

こんなときプロの感覚は？

お盆にお茶や味噌汁などを載せてを運ぶとき、こぼしてはいけないから慎重に、と心がけたつもりなのに失敗してしまった…そんな経験をされた方は意外に多いのではないでしょうか。

「こんなときプロは？」と、楽ちん堂カフェを切り盛りするAさんに聞いてみたところ、調理から接客までを全員でこなす厨房チームは「忙しいときは〃不安〃になるひまもないほど」だそうですが、「そういうときはかえって失敗がないかも」とのこと。

意外にも感じますが、これはたしかに一理あるように思います。

忙しさに追われて慌ててしまうのはわたしのような素人ですが、プロは、「熟練した動き」を身につけています。忙しいときは考えながら動くよりも、むしろ、「熟練した動きを身につけているカラダに任せた動き」をしたほうが失敗も少なくなる、ということではないでしょうか。

状況に合わせてカラダをリセットしたい

ただ、プロでも使い慣れた道具が変わったり、いつもと違う場面になると、戸惑うことがあるのかもしれません。

こんなとき、さっと気持ちをリセットできるカラダの使い方

ヒジ裏の感覚を活かすカラダの使い方を試す前に、まずはふだんの要領でお盆の〝押し合いずもう〟をやってみます

頭を下げてぐっと押すと、押されたほうもその「ぐっと」くる力に抵抗しようとするので、膠着状態になってしまいます

「では、次はヒジ裏を気にかけながらやりましょう」
「ヒジ裏ってどこですか？」

「ヒジの内側のことです」
「気にかけるというのは？」
「直接には触れないのですが、〝気持ちで触れるような〟感じですね」

「不安は心の中の出来事」と思われがちですが、カラダの不安定が不安につながっていることも多いのです。
そこを逆手にとれば…

を知っていると、さらに気持ちの余裕もできるのでは、と考えて、Aさんに「ヒジの裏感覚を使ってのお盆の受け渡し」を試してもらうことしました。

ヒジ裏の感覚を活かせば不安が消える

ヒジ裏感覚を活かす動きをすぐにつかんでくれたAさん、お盆の〝押し合いずもう〟にも楽々と勝利。「ヒジの感覚を使うとこんなに違うんですねえ！」と、はじめての感覚に感動した様子でもありましたが、両手でお盆を持ち運ぶという動きは、「三動一定」の観点からみても、不安を誘い出しやすい動きなのです。

こういう仕事についたばかりの人は、この「ヒジ裏の感覚を活かして持つ」という動きを習慣にしてみてもいいのかもしれません。

カラダとココロはお互いに影響を与え合う関係にあります。不安は心の中の出来事、と思われがちですが、カラダの不安定が不安につながっていることも多いのです。

そこを逆手にとれば、「カラダの使い方の工夫で不安も消せる」ということなのです。

「見かけの力強さはない」のが、ヒジ裏感覚が活きた動きの特徴。受ける側は、予想した以上に、「伝わってくる力の強さ」を感じるはずです

がんばるまでもなく、ただヒジを伸ばすだけで、お盆が動いていきますが、受ける側にもなぜか不快感が残らない動きでもあるのです

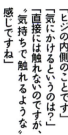

いつもの動作をちょっとだけ視点を変えて見直してみたら…
研究会編3

キッチンで仕事をするときカラダはしっかりしていますか？

テーマ7

「包丁の切れ味が増すように立つ」

ある人には問題のない
作業環境でも…

厨房サイズがぴったり。
姿勢はすっきり、
動きやすそう

「苦しい」のはなぜ？

ある人には問題ありの
作業環境であることも…

厨房サイズが合っていない？
肩に力が入ってる？
腰に負担？

ヒザが伸びて両足の動きが
鈍い状態

「厨房問題」というものがもしあるとしたら。
そのひとつは、どんな人のカラダにもぴったりの
厨房は存在しない、ということかもしれません。
サイズの合わない靴では動きにくいように、
カラダに合わない厨房で動くことも
「苦しい」ものです。
が、こういうときこそ、「新しい自分」の出番です！

三動一定が成立するポイントを探せ！

上の二枚の写真Ⓐ Ⓑをご覧いただくと、"厨房問題"がよくおわかりになるのではと思います。

厨房スタッフとしてはゲストになるOさん（Ⓑ）の苦しいところは、包丁仕事に気をとられすぎて、足がおろそかになっていること。両足にほぼ均等に乗りながら、腰から上のカラダを緊張させている様子が伝わってきます。

この姿勢では、厨房に立っているだけで疲れてしまいそうです。

なんとか、手足が自在に動く三動一定の状態にしたい、ところです。そこで注目したのがヒザの使い方。「ヒザ頭を軽く前の壁（ここでは棚板）に触れるようにする」ことで、「一本の足が支え、他の三つの手足が動く」、という状態がつくれるのではないか、と考えたのです。

その新しい立ち姿勢が写真Ⓒです。

足元から頭までがすっとつながって動

いている感じと、どんな動きでもできそうな躍動感が写真からも伝わってくるのではないでしょうか。腰から折れていた姿勢もすっと伸び、肩や腰などへの負担も減ったようです。

今回の厨房の実験はひとつの例です。もしかしたら足元に壁のない厨房もあるかもしれません。

ただ、そんな千差万別の環境の中でも、「どうしたら自分が動きやすい姿勢をとれるか」というテーマは同じです。困ったら、「どうしたら三動一定が成り立つかな?」と自分に問いかけてみてください。

その問いが、新しいカラダの使い方をみなさん自身で〝発見〟するきっかけになるはずです。

周囲の状況や環境は千差万別でも、動きやすいカラダはひとつ。困ったら、こう自分に問いかけてみてください。「どうしたら三動一定のカラダが成り立つかな?」と。

「踊りながら包丁を使っているのかな」と思わせるような、活き活きした動きに変わったOさん。この躍動感が三動一定の動きの特徴。腰への負担も減っています

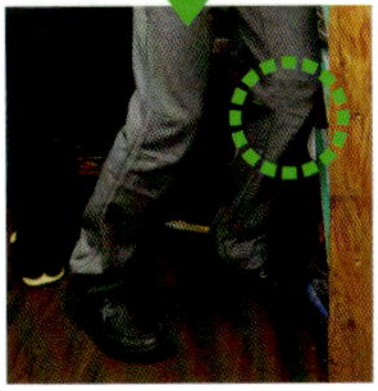

片側のヒザを棚に軽くくっつける（強く押しつけない）ことで、三動一定の「一定」が生まれました

「三動一定」の動きになっているとき

カラダ全体のつながりを活かした力は、腕だけの力をはるかに超えます

「三動一定」の動きになっていないとき

両手を上から抑え込まれると、持った丼を棚にあげようとしてもままなりません

いつもの動作をちょっとだけ視点を変えて見直してみたら…

特別編

包丁も自分のうち。毎日使う道具だからこそ、〝磨き〟をかければ違いがわかる

道具の手入れをすることも自分を変えるきっかけになる

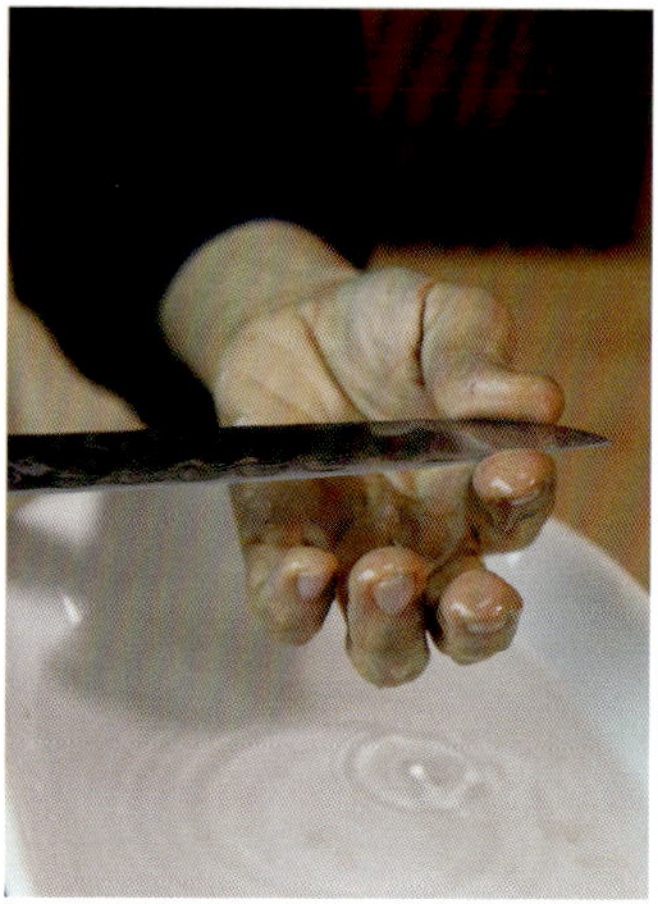

道具は選んだ人が最後に仕上げるもの

いい道具は、選んだ人が使いながら、その人に合う仕上げができるよう余地を残してある——あるものづくり職人からこんな言葉を聞いたことがあります。

道具は選び方と同じぐらい、手入れが大事であることを教えてくれる言葉だと思いますが、武術家・甲野善紀の道具に対するこだわり、入念な手入れを間近で目にしていると、そのときの職人さんの言葉がまさに実践されているようで、いっそう感慨深く思われてきます（本書でご覧いただいた手裏剣も、幾度となく手が入れられてきたものです）。

武具も日常の道具も同じです。道具を手入れするということも、自分を変えるきっかけになります。毎日使う道具だからこそ、その〝磨きの効果〟は大きなものがあるはずです。（甲野陽紀）

家庭で使う砥石の選び方について

甲野善紀

包丁の研ぎは、尻込みをする人が多いですが、トマトが潰れずに切れる程度の切れ味を家庭で保つことは、それほど難しくありません。まず砥石を用意します。現在は性能のいい人造砥石が簡単に買えますので、これを使いましょう。

今回、紹介する研ぎ方は、包丁がひどく切れ味が落ちていたり、刃こぼれがある状態ではなく、少し切れなくなってきた場合で、研石は1000番と2000番の二種類、一般に中砥石と呼ばれる目の細かさのものを使っています。家庭用で日常的に使う場合は、この程度でいいでしょう。

家庭用の包丁を研いでみました

1

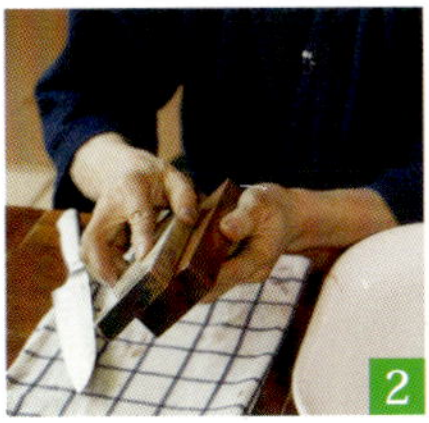
2

3

二つの砥石は、しばらく水に浸しておく（①）。この砥石を擦り合わせ、表面を平にすると同時に「砥汁」を出す（②③）

4

5

研ぐ前の包丁の切れ味。コピー用紙がギザギザに切れてしまう

6

7

まず1000番の砥石で少し水を補いながら包丁の傾きを一定にして研ぐ

8

9

1000番の砥石後、2000番で研ぐ。力は前より抜いてよい

10

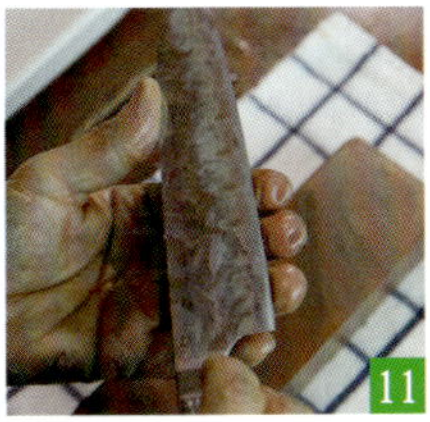
11

12

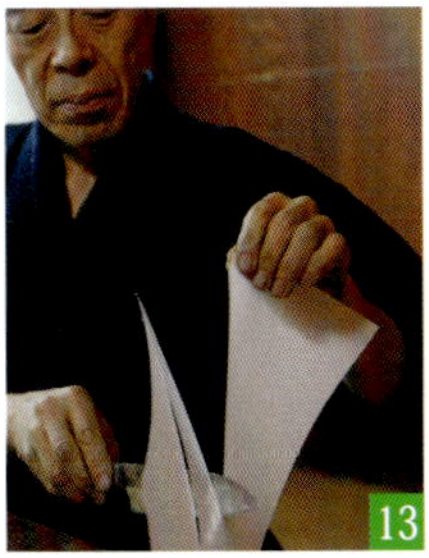
13

家庭で一般的に広く使われている断面がV字型の両切刃の包丁は、表裏同じ程度に研ぎ、指の腹で研ぎ具合を確認して（⑪）、水で洗い（⑫）拭いてから、切れ味を確認（⑬）

第5章

カラダはココロの鏡

コラム　カラダの役割分担と「休む」の効用

「ときには休むこともカラダにとっては必要な運動のひとつ」というと、奇妙に聞こえるかもしれませんが、カラダの中にも社会で言うところの役割分担があって、カラダが全体としてしっかり動けているときには、部門担当のカラダは「出番がきたら元気に動き、出番がないときは休む」というように、上手に連携をとっているように感じます。

その役割分担の代表が、「動く」を担当するいわゆるカラダと、主に「考える」を担当するカラダ（アタマですね）の関係です。「考えるカラダ」を使っているときには「動くカラダ」は休み、「動くカラダ」が元気なときには「考えるカラダ」は休む、という関係があるように思うのです。

たとえば、むずかしい試験問題を解いているときに、自由自在に動き回れるという人は滅多にいませんが、逆に、動植物を触るときや、強風の中を歩くときのように、カラダが目的に集中し、繊細に動く必要があるときには、あまり複雑なことは考えられないものです。

「動くカラダ」と「考えるカラダ」の間に、こういう関係があるときに、わたしたちは「ココロが充実している」と感じるようにも思うのです。

ところが、「動くカラダ」が活動しているときに、不安なココロがやってきて、「考えるカラダ」も同時に動きだしてしまうことがあります。これが「気持ちと行動がバラバラになっている」状態です。こうなるとカラダは、二つに分離して、「すべきこと」を見失い、結果として、「カラダ全体の安定感もなくなってしまう」ということになります。

こんなとき、「これはココロが二つのカラダの両方に休息を求めているサインだな」と思うと、変わるきっかけがやってきます。

「ときには休むこともカラダにとっては必要な運動のひとつ」というのはこういう意味です。裏返せば「ココロにとっても休憩は必要な運動のひとつ」ということなのですね。

（中野陽紀）

研究会編1

たとえば、大勢の人を前に舞台の上で何かのお披露目をするときの カラダとココロの状態を考えてみると・・・

気にしないようにと思えば思うほど気になってしまう?

「あがり性なので、人前に出て話したり何かするのが苦手で…」という相談を受けることがよくあります。

「気は持ちよう」とも言われて、そう思うことも多々ありますが、いったん上がってしまった気持ちを〝気だけ〟でコントロールするのは、かなりむずかしいことではないでしょうか。

「気にしないようにしようと思えば思うほど、気になってしまう」のがココロだと思うのです。

気はこころ、気は持ちよう、とも言われますが。
気は気だけで変えられるのでしょうか?
そこにもしカラダの力が役立つとしたら・・・

「気の持ちよう」だけでは対応できないそんなときのために、おすすめしたいのは、「カラダの使い方の工夫によって気持ちが落ち着く方法」を知っておくことです。

カラダの使い方でココロが変わるの?と疑問に思われる方もいるかと思いますが、ココロのありようはカラダのしっかり感に〝不思議なほど〟素直に表れます。逆にいえば、カラダが不安なく動くなら、ココロも安定するということ。そんな関係がカラダとココロにはあるようなのです。

では、まずは「人に見られているとき、カラダはどんな状態になっているのか?」を検証するところから、「カラダの力をココロの安定に活かす方法」を考えていくことにしましょう!

「楽ちん堂カフェ」のみなさんと父・善紀には観客役、前著でもモデル役として協力していただいたHさんには舞台の主役（見られる役）をお願いして、「見られ方」と「カラダの安定感」の関係を検証した結果を次項からご紹介します。お互いに顔見知りの間柄であっても、「見られている」ことによって、変わってしまうのがカラダであることがよくおわかりになると思います。自分では「あがっていない」と思っても、カラダは何かをキャッチしているのでしょう。その繊細なカラダの感覚をみなさんにもこれを機会に体験していただけたらと思っています

検証① 100パーセント、面と向かい合ったときのカラダの安定感は？

状況①観客のカラダも、目線も、真正面を向いている

「みんながわたしを見ている」と感じているとき。
カラダはどう「思って」いるのでしょうか？

お願いしたのは「カラダの向きも、目線も正面からHさんに向けてください」ということ。三人ともこの検証はこのときが初体験。結果がどうなるかはまだわからないまま、言われたままの動きをしている、という状態です

Hさんもこの検証は初体験。三人の目線を受け止めている自分のカラダがどんな状態にあるかはまだわかっていませんでした。この時点では「自分はしっかり安定して立っている」と思っていたことでしょう

「向かい合って立っている」がなぜむずかしい？

検証はまず、「舞台の主役と観客が完全に向かい合っている」場合のカラダの安定感からです。

主役も観客役も、この〝舞台〟は初体験ですが、「向かい合って立っているだけ」なので、〝演技〟としてはとても簡単なものです。観客役の〝関心〟を受け止める役のHさんにも、最初は笑顔も見えたのですが…。結果は、本人がびっくりするほど、あっさり体勢が崩れてしまいました。

「初体験だったからかも」と考えて、何度か同じ状況で試してみたのですが、結果は変わりません。

「見られているだけで、こんなに不安定になるとは驚きました」というHさんの感想、この〝舞台〟に参加された方が決まって感じる驚きを端的に語ってくれているようです。

カラダに「安定感はどうか」聞いてみると…

Hさんの肩を横向きに軽く押して安定感を確かめます

目線
カラダの向き
わたしの手は肩に触れた程度ですが、すでにHさんの体勢に変化が…

ほんの軽く押されただけでぐらり。「しっかりと立っていたつもり」だったのですが…

目は観客を見ながら、カラダは横へ、というちぐはぐな動きになったため、本人が思っていた以上にぐらり！としてしまいました

検証② 向かい合い率50パーセントのときのカラダの安定感は？

観客のカラダの向きが変わった。その変化がもたらしたこと

状況②観客のカラダは横向き、目線だけが正面を向いている

「わたしを見ている人の関心が薄くなった」と感じたとき。カラダはその変化をどうとらえたのでしょうか？

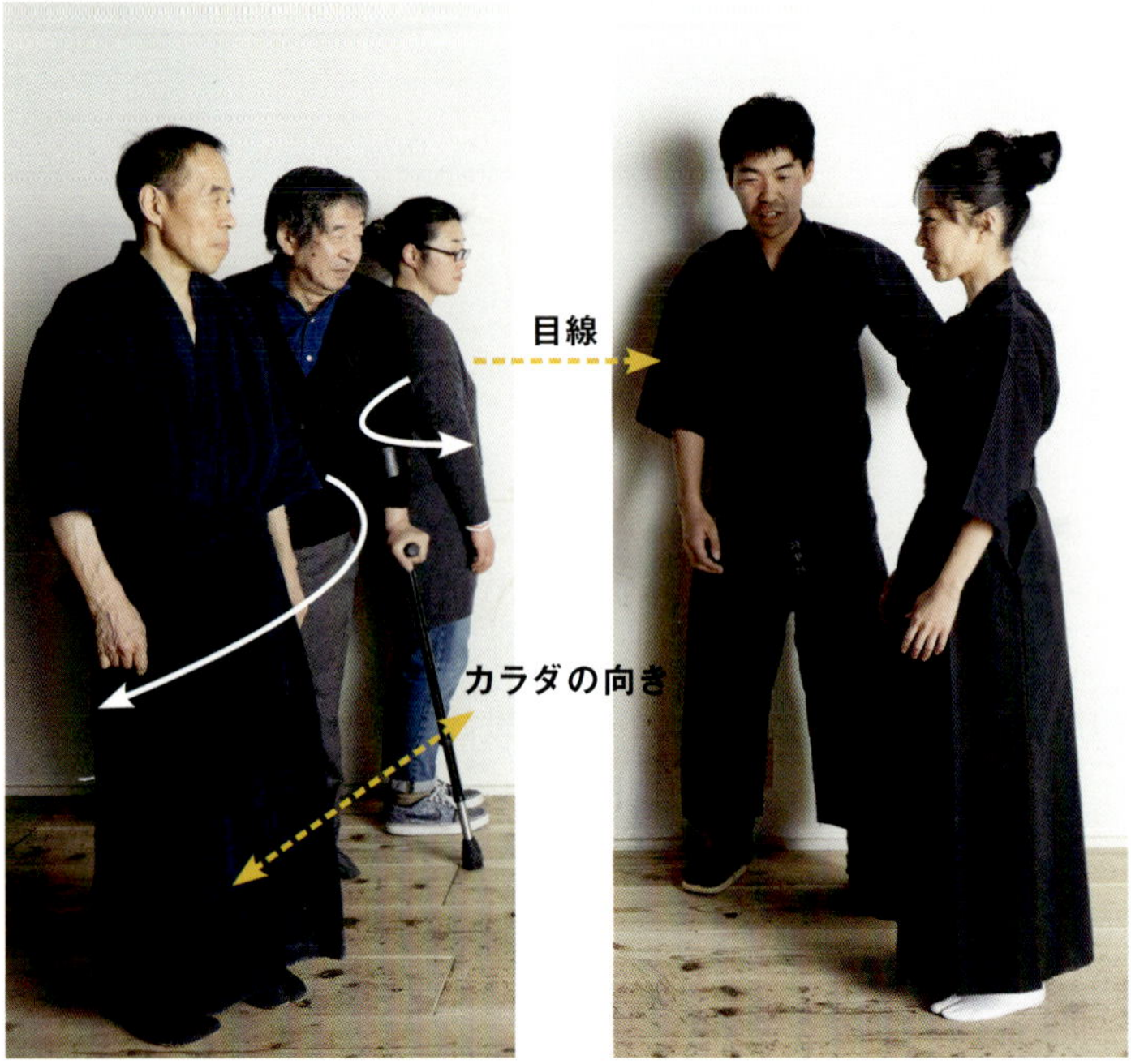

目線はHさんに向けたまま、カラダの向きだけを横向きに変えてもらいました。写真では大きく変わったようには見えませんが、観客たちの〝関心〟を受け止めなくてはいけないHさんにとってはこの変化は…？

検証①で思いがけず自分のカラダの不安定さ（ココロの不安定さでもありますが）を知らされてしまったHさん。検証②でも最初は不安があったのかもしれません。でも、カラダは意外に状況に素直に反応するのです

次の検証の条件は、「目線はそのまま、カラダだけ横向き」といつもの。検証①に比べると、「観客役の〝関心パワー〟が半減した」設定ともいえます。

思いがけない結果になってしまった検証①のあとだけに、Hさんの表情に「だいじょうぶかな？」という半信半疑の笑みが浮かんでいます。

ところが。検証を進めると、Hさん自身が、検証①とは逆の意味で驚くような、「安定感のあるカラダ」に変わっていたのです。

〝舞台設定〟の中で変わったのは「観客役のカラダの向き」だけです。となると、その変化がHさんのカラダをしっかりさせたことは確かなのですが、こういうカラダの瞬時の変わり方には、「わかっていても」いつも驚かされてしまうのです。

一転、今度のカラダは実にしっかり。観客の視線を余裕で受け止めています

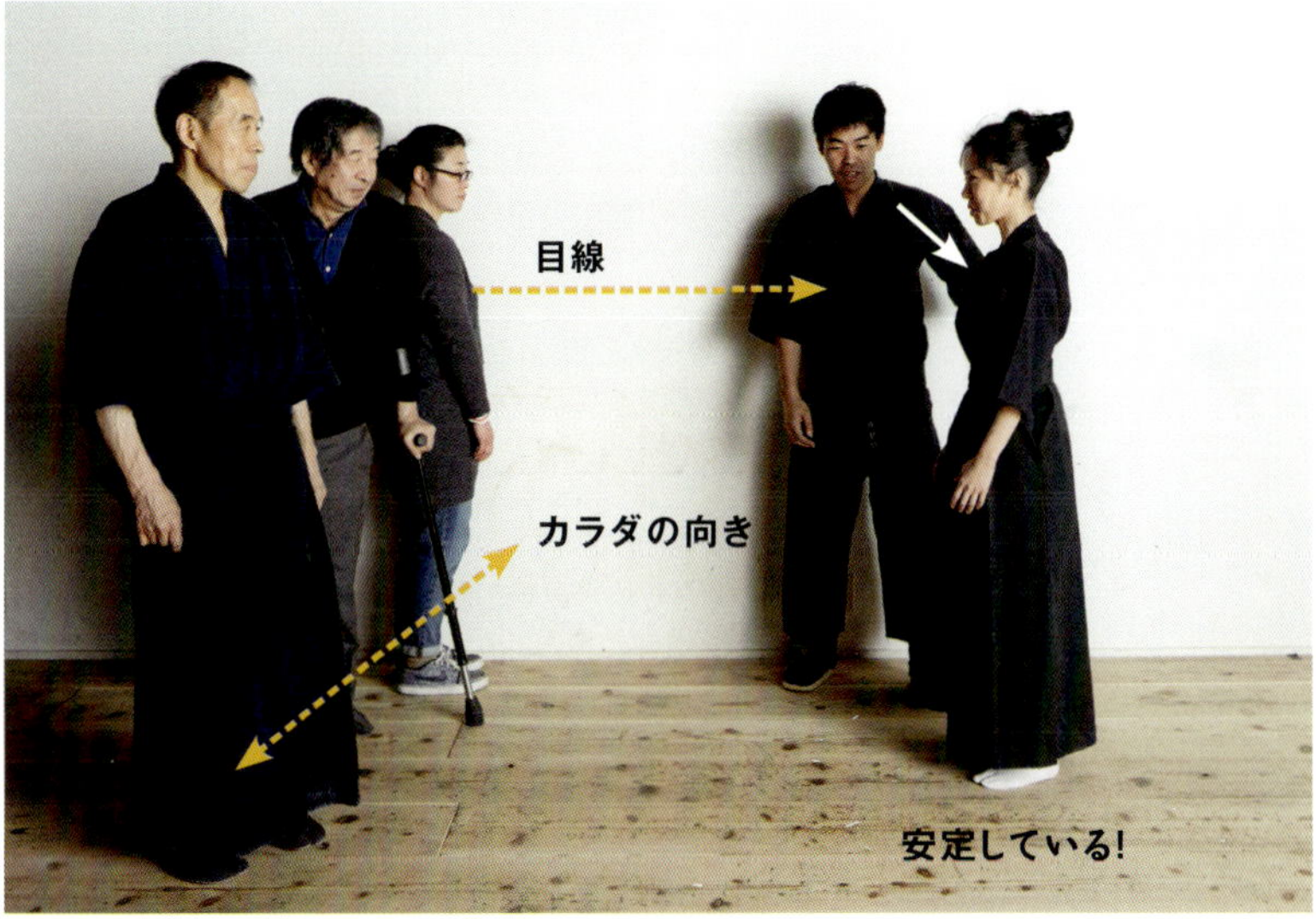

観客の目線もカラダの向きも100％真正面
検証①のカラダの安定感

軽く肩に触れただけでぐらついてしまうほど、緊張していた様子。自分がどのぐらい緊張しているかは、実はこうして確認してみなければ、なかなかわからないものなのです

観客のカラダは横向き、目線は真正面
検証②のカラダの安定感

足元からアタマまで、すっとつながっている感じが伝わってきます。最初は「半信半疑の笑顔かな?」と見えた表情も、すっとつながったカラダの安定感から自然に生まれたものだったようです

検証③ カラダの使い方を工夫して、向かい合い率100パーセントに再挑戦。成果は?

「部屋の四隅をとらえてみてください」
「見るだけでいいんですね?」
「そこが部屋の隅だなあと確認するような感じです」

自分を含む空間全体をとらえるとカラダの安定感は抜群になる

観客の〝関心パワー〟の変化が、受け手のカラダに影響を与えることがわかったところで。ここまで受け身だった主役に〝攻め〟をお願いしてみたのが検証③です。

「この空間の四隅をとらえて」から、観客役と向き合ってもらうことにしたのです。「自分と空間をひとつのもの」としてカラダが感じたとき、カラダは安定感を瞬時に回復する力を持っているのです。その力を引き出そうというアイデアでした。

「空間の四隅をとらえる」ことは、だれにでもできる簡単な方法です。もし、このHさんの〝攻め〟の行動が、有効に働くなら、みなさんも同じようにできるはずです。

さて。結果は狙い通り。検証①のときとは対照的に、Hさんの姿勢は実に安定しています。笑顔がココロの〝安定感〟を物語っています。

なぜこんなことが?と不思議に思われる方も多いと思いますが、日常動作で大事なことは、まず、「自分のカラダで変化を体感してみること」ではないでしょうか。

自分で体験をすれば、そのことへの関心はずっと続きます。その持続する関心が、不思議さの理由を見つけ出すことにもなり、ひいては新しい日常動作のコツの発見にもつながる。経験がわたしに教えてくれたことです。

「それで何が変わるんでしょう?」

「四隅をとらえると、観客と主役がいる空間全体を包むようにとらえることになりますね?」

「そうですね」

「カラダは自分を含むこの〝空間全体をひとつのもの〟としてとらえることができると、安定するのです。カラダが安定すると、ココロにも自然に元気がわいてくるんですよ」

状況③観客のカラダと目線は、真正面を向いている

主役はカラダの使い方をひと工夫
部屋の四隅を確認してから⇨観客との向かい合ってみると…

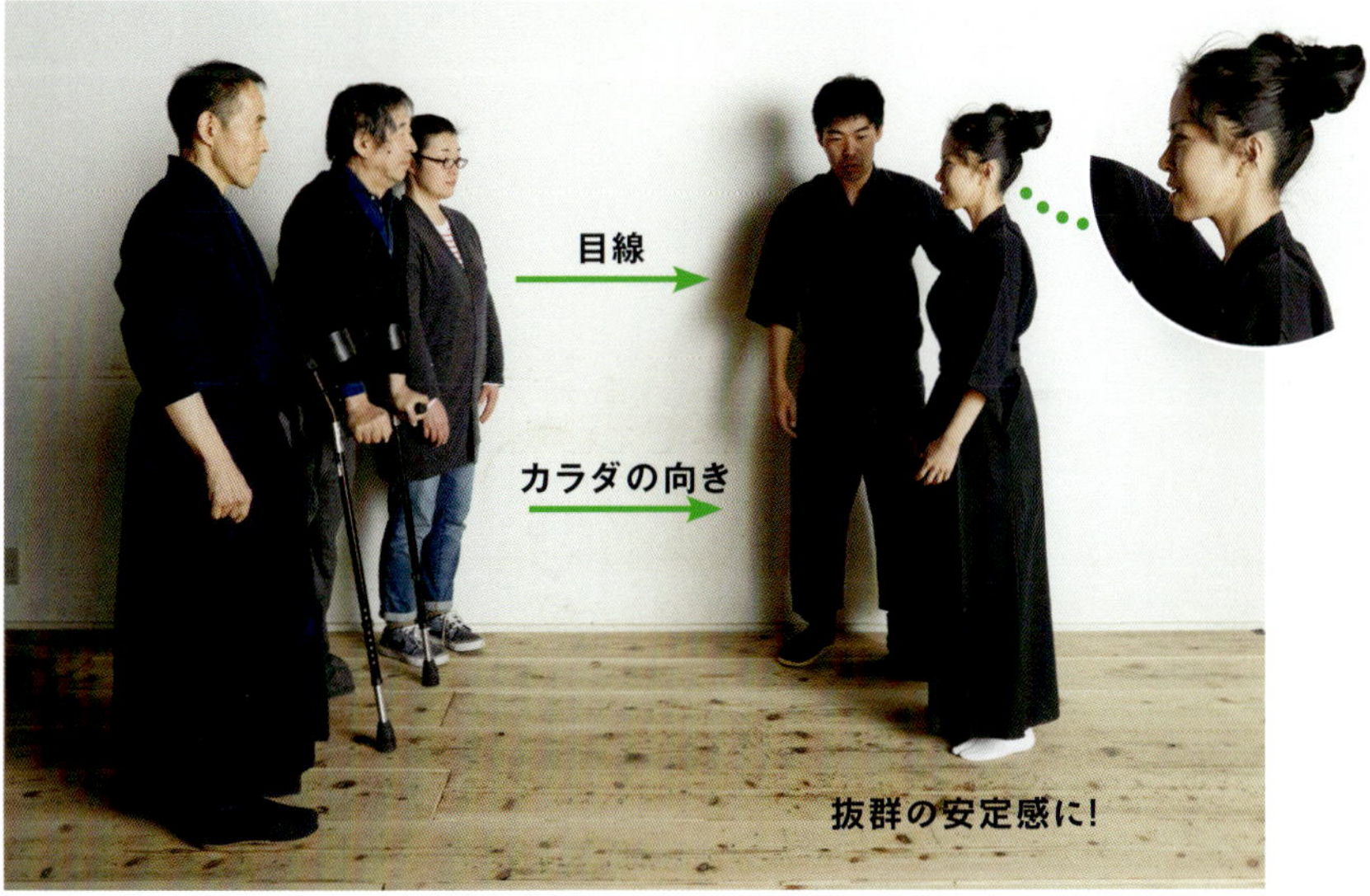
目線
カラダの向き
抜群の安定感に!

甲野陽紀の 誌上体話塾 Q&A

「では、カラダに聞いてみましょう!」❹

Q だれにでもこういうところはあると思うのですが。

人前に出ると緊張しがち。緊張したとき落ち着きを取り戻す方法は？

A そんなとき、「こうすると落ち着く」という方法をその人なりに持っていると、気持ちは違いますよね。

Q でも「落ち着こう」と思うとかえって緊張してくるような気がします。

A 見ると動きが止まる、ということは前にお話ししましたが、落ち着こうとすると、「自分自身の動きを見つめる」ことにもなるので、やはり、カラダの動きが止まって、不安が増してくるのです。

ポイントは、「自分の外側にあることに注意を向けていくこと」。そのひとつの方法が、第5章で紹介したような「その場の空間全体を見渡してみる」ことなのですが、同じ意味で、どこかひとつの場所に注目してもいいのです。

Q ただ「落ち着こう」と考えるのではなくて、具体的な動作で気持ちを変えていくということですか…なるほど。

集中したいのにまわりが気になる…こんなときは？

Q これも難題です。場所を変えても、同じだったりしますし。

A 「周囲全体をとらえる」「ひとつに注目する」という方向で考えることもできますが、気持ちを整える方法も覚えておくといいかもしれませんね。

Q それはぜひ。

A 「カラダはひとつの目的に向かっているときしっかりする」ことは、すでにお話ししましたが、「気が散っている」というのは、その逆なんです。

Q いろんなことに気がとられている状態なわけですね。

A そうです。処方箋としては、「ひとつに向かう」をやってみる、ということになるわけですが、具体的には「いま自分は何の目的でここにいるのか」をはっきりさせるといいですね。

Q 話をしにきたのか、読書しにきたのか…。

A はい。単に「集中しよう」と思うのと違って、目的がちゃんと整理されると、それだけでカラダは変わってくるから、すごい力だなあと思います。

武具の杖の動きを撮影中のひとコマ。撮影時も、ふだんの稽古のときも、動きの気配は変わらないように見えます。どんな場面でも、すっと「自分がやるべきこと」に向かえる力を養うことも、武術の稽古の目的なのかもしれません

苦手な人と、緊張しないで接するコツは？

Q 人間関係ってむずかしいですね。

A いろんな人がいますからね。相性のいい相手がいる人には、逆に、相性の悪い人もいるともいえます。

Q この質問の方は「苦手な人と接するとき緊張してしまう」ということですが。

A 「緊張している」というのは、「自分に注目が向いて」、動きが止まっている状態です。だから、言いたいことが出てこないとか、場違いなことをしてしまったりするわけです。

Q カラダが思い通りに動かないからトンチンカンになる。

A 緊張を解く方法はさっきお話しした通りですが、この場面は相手が目の前にいるので、まず自分がいまそこにいる目的を整理してから、いつもとちょっと違うカラダの使い方をしてみるといいですね。

Q というと？

A いつもより早口で話してみるとか。早口になると自分を分析するヒマがないですから。相手もいつもと違う雰囲気を感じて態度が変わってくる可能性があります。そうなったら関係性が変わるチャンスも生まれてきますよね。

Q 緊張がらみでもうひとつ。「何かの本番の前日や直前、緊張しないで過ごすコツはありますか」という質問もきています。

A これもまず「目的をはっきりさせる」ことからですね。たとえば、何のための試験か舞台かとか。そのことがはっきりするだけで、落ち着いてきます。

Q 考えすぎて眠れない、ということがなくなりそうですね。

A 行動でいうなら、不安になったら、ふだんよくしていることをしてみる。野菜の千切りをするとか、部屋を掃除するとか。とくに掃除はいいかもしれませんね。気持ちも掃除されてさっぱりしてきますからね！

甲野善紀と甲野陽紀の
縁あって親子対談
その三

描く前は予想もしていなかった思いがけない感覚との出会い

善紀 この撮影のために、あなたから、馬の絵を描いてほしい、と言われたときは、漫画のカットのようなものかなと、簡単に考えていたんだけれども、いざ描きはじめたら、思いもかけない感覚が出てきて。

陽紀 ときどき馬の絵を描いているのは知っていたので、「こんな一面もあるよ」ということを知ってもらったらと思ってお願いしたわけだけれど。そんなことになるとは思ってもいなかった。

善紀 最初は、ただなんとなく馬の姿を描くつもりではじめたら、だんだん馬が

馬の絵を描く

【DVD収録】 子どもの頃、源義経の物語本の表紙絵に惹かれ、描いたのが馬の絵。以来、いまも時折、何気なくスケッチするときのモチーフになるという「馬」を描く姿をご紹介します。親子対談では、剣を〝絵筆〟に持ち替えたときに現れてくる「内観」の感覚が語られています。

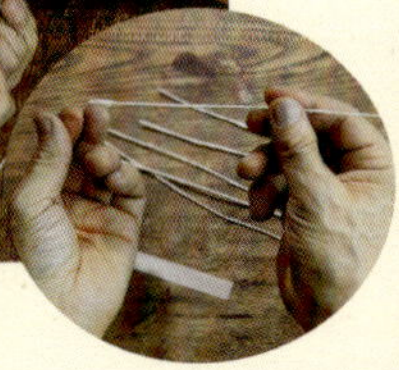

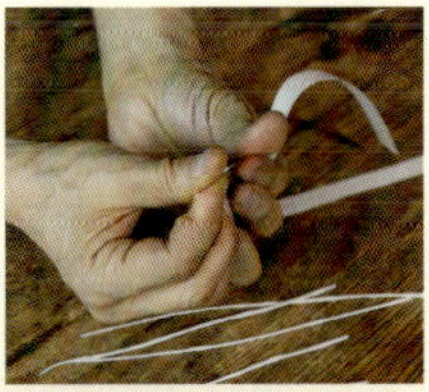

細長く切った紙（和紙がおすすめ）の端をとって、最初の縒りを作ります

左手は紙を支え、緩ませないのが役割。縒りは右手で作っていきます

紐状になった部分が緩まないように、左右に軽く引っ張りながら。緩みがとれると、紐に強さが出てきます

紙縒《こより》を作る

【DVD収録】 細長く切った紙を〝縒る〟ことで、紐状にしたものを紙縒といいますが、甲野善紀の手にかかったものは、「美しさと強さを兼ね備えた」という形容がよく似合います。いまではあまり目にする機会のない、紙縒づくりの手順を丁寧にご紹介します。

自分の身体の中に入ってきて、「こういう感じでは馬は走れないよな」といった感覚が、身体の内側から出てきてね。まるで自分が馬になって描いているような感じに。

陽紀　それは、どこか武術的な感覚とも通ずるところがあるような気がするけれど。

善紀　自分の内側から、フト思いがけない気づきが浮んでくるというのは、「内観」に近い感覚かな。

陽紀　その「内観」という感覚は、身体教育研究所の野口裕之先生が説かれている…

善紀　そう、野口先生からのね。

「内観する」感覚とは？

陽紀　「内観」というのは「内側を観る」と書くわけだけれども、それはどういう感覚なんだろう？

善紀　内観したときに、ハッとわきあがってくることの中には、自分が思いもかけなかった答えもあって、その意外な答えに「なんだろう、これは！」と自分がびっくりする…ということもあるけれども、ただ「つもり」でやったこととはぜんぜん違う手応えとして返ってくることだから、納得せざるを得ない。
　こういう内観の技の感覚に相通ずるものがあることに最近になって気がついて、改めて「すごいものだ」と思い起こしている言葉があってね。それは、「問えば必ず答えが返ってくるからだ」というもの。
　これは、わたしが月二回出している夜間飛行のメールマガジンの中で、公開の往復書簡をしている田口慎也さんの恩師が語ったという言葉。その方は筋金入りの信仰を持つ牧師さんで、あるとき、「牧師さんはなぜ、それほどまでに神を信仰できるのですか？」と訊ねたとき、神についていまあげた答えが返ってきたそうで、これにはわたしも唸ってしまってね。これはまさにわたしが内観しているときの感覚だと思う。身体に内観して問えば身体は必ず答えを返してくるからね。
陽紀　「必ず答えが返ってくる」ということは、「自分の中で必ず答えが見つかる」ということだから、迷う余地がない。だから信仰にも揺るぎがない、と。
善紀　返ってくる答えの中には必ず、「自分にとって予想外の答え」もあるわけで、そうでなければ問う意味がないでしょう。この感覚は、「内観する」感覚にきわめて近いと思う。

そういう〝大納得〟は、〝太陽があたりまえに昇ってくるように〟やってくるものなんだろうね、きっと

甲野陽紀

〝大納得〟の前では、自由か不自由か、といったことは、〝朝日の前の霜のように〟消えてしまう

甲野善紀

人が「自由」よりも「望んでいるもの」

善紀　最近よく思うのは、人が人生においていちばん求めているのは、「自由」

甲野善紀と甲野陽紀の

縁あって親子対談 その三

対談を終えて／甲野陽紀

ふだん家族として接しているもの同士が、人前で対話をして話が弾むだろうか?…と、実は思っていたところもあるのですが、案ずるより生むが易し。時間はあっという間に過ぎてしまいました。場が変われば関係も変わるで、わたしもふだんとは違う重さで父の言葉を受け止めていたと思います。みなさんにとっても、参考になることが少しでもあれば、と願っています。

ではなくて、「納得」ということかもしれない、ということだね。

陽紀　運命は決まっている。しかし、自由だ——を超えるほどの確信として？

善紀　それはわたしが二十一のときにやってきた言葉で、武術を志すきっかけにもなった〝気づき〟だけれども、この牧師さんのように、すべては神のシナリオ通りだからこそ、そこに安心と喜びがある、と考える人もいる。

それは、神が決めたことの通りに生きることに対する〝大納得〟があるからで、そういう〝大納得〟の前では、自由か不自由か、といったことは、〝朝日の前の霜のように〟消えてしまうのではないかと思う。どんなひねくれものでも、〝納得できない自由〟が欲しい、という人はいないはずだから。

陽紀　そういう〝大納得〟を得るためには、たぶん言葉だけでは無理で、やはり納得させてくれる人が必要なんだろうと思うけれども、それがやってきたときには、「ああ、これが納得なんだな」と、〝太陽があたりまえに昇ってくるような〟感じに思えるものなんだろうね、きっと。　（了）

あとがき

甲野善紀

今回の本は、前作『驚くほど日常生活を楽にする 武術&身体術』が想像以上に多くの方々に読んでいただき、続編を望む声が少なくなく、また我々も、その後研究が進んでいたので、これを前著で関心を持っていただいた方々にお伝えし、また新しく我々の事を知った方には前著と共に参考にしていただけたらと思い、今回は陽紀が中心となってまとめる事となった。

陽紀と私は、同じことを目的とした動きでも、陽紀の方法と私の方法はかなり違っている。これはどちらが正しいというようなものではなく、「人間は、さまざまな方法を持っている」という事だと思う。この事は、私から武術を学び、指導者として活躍している何人かの人達についても言えることで、それぞれの感覚に基づき、独自な展開をしている。

私は陽紀が気付いた事を参考に、私の技を展開している事も少なくないが、陽紀の場合は、もちろん当初は私の影響を多分に受け、現在も基本的な技の術理においては共通しているところもあるが、現在彼が指導している内容は、全て陽紀のオリジナルであり、私の影響は殆どないと言っていい。たまに技術交流をして、お互いの技の進展具合について、相互に報告し合っているが、最近の陽紀の技は根本から独自な体系を打ち立てつつあるように感じる。

したがって、陽紀は私の武術の技の後継者などでは全くなく、独自の世界を築いていくと思う。もっとも、先ほども述べたように、陽紀に限らず、私の所で学んで人に指導出来るほどの技術を身につけた人たちは、皆その傾向がある。これから先も、このような武術の心身の使い方と稽古法に、自発的に興味を持って取り組み、自分なりにシッカリとした価値観を身につけて、これからの時代を拓いていってくださる方が一人でも二人でも生まれることを心から期待したい。

今回も文章に関しては、佐藤大成氏に大変お世話になった。深く感謝の意を表したい。

面白い話をたくさん聞いたけど、その内容が思い出せない…というときがあります。そんなときは、もらった贈り物を忘れてきてしまったような、残念な気持ちになるものですが、わたしはいつの頃からか、「起きたこと出会ったことの全部を覚えていなくても大丈夫。次の日になっても印象に残っている二つ三つことを、まずは大切にすることから始めよう」と考えるようになりました。

仕事柄、日々身体と向き合っていると、身体はどんなときも目の前の経験を吸収し、糧にしていると感じます。「必要なこと」も「必要なとき」も、みなさんひとりひとりの身体が知っているはず、と思うのです。

「今日読んだことから身体は何を吸収し、何を明日の自分に教えてくれるのだろう?」と、自分の身体と対話しながら本書を楽しんでいただけたら幸いです。

○

本書はたくさんの方々の力をお借りして完成しました。前著『武術＆身体術』に引き続き、出版の機会をいただいた山と溪谷社の高倉眞氏と関係者のみなさまには、深く御礼を申し上げます。

アットホームな雰囲気で撮影を盛り上げてくれた楽ちん堂カフェの森田雄三・清子ご夫妻、尾辻あやのさんはじめスタッフの方々には、〝家族のように〟お世話になりました。前著同様に、撮影の場を和ませてくれた本田有樹子さん、溌剌とした動きと笑顔で現場に元気をくれた的場悠人氏、苦しい動きから楽々な動きまで、多彩な表現力を発揮してくれた伊奈伴恵さん、アドリブのリクエストにも役者並みの度胸で挑戦してくれた大場悟氏、動画で大活躍してくれた山口陽介氏…この本に「楽しさ」という魅力が加わったのは、モデル役のみなさんのおかげです。

写真の田中庸介氏、動画の鈴木康聡氏、デザインの松沢浩治氏、イラストの岩井友子さん、編集という場所でこの企画を共に育ててくれた佐藤大成氏、みなさまにこの場を借りて心より御礼を申し上げます。

甲野陽紀

日常動作を磨く77のコツ

甲野善紀と甲野陽紀の
不思議なほど日常生活が楽になる身体《からだ》の使い方

甲野 善紀(こうの よしのり)

1949年東京生まれ。武術研究者。1978年に「松聲館道場」を設立。以来、独自に剣術、体術、杖術などの研究に入る。近年、その技と術理がスポーツや楽器演奏、介護、ロボット工学や教育などの分野からも関心を持たれている。最近は、日本を代表する柔道選手などとも、手を合わせて指導をしている。2007年から3年間、神戸女学院大学の客員教授も務めた。『剣の精神誌』『できない理由は、その頑張りと努力にあった』など著書多数。

甲野 陽紀(こうの はるのり)

1986年東京生まれ。身体技法研究者。父・甲野善紀の武術指導のアシスタントを経験後、身体技法の研究を始める。だれもが「あたりまえに持っている身体の力」を引き出しながら、日常動作の質を高め、ケガをしない身体づくりにもつなげていく独特の身体術は、武術、スポーツ、介護、音楽、保育などの専門家から運動嫌いの人に至るまで幅広い関心を集めている。朝日カルチャーセンターで定期講座を持つほか、全国各地の講習会で講師を務めている。著書に『甲野式からだの使い方』『驚くほど日常生活を楽にする 武術&身体術「カラダの技」の活かし方』がある。

プロデューサー	高倉眞
編集	佐藤大成
写真	田中庸介(AFRO DITE)
デザイン	松沢浩治(DUG HOUSE)
イラスト	岩井友子
校正	中井しのぶ
映像撮影	鈴木康聡
DVD編集	久保年且
DVDグラフィック	丸山大夢
MA	辻誠(DREAM SPACE)
	小林美菜
音響	古田能之(Raps Words)
モデル	本田有樹子
	的場悠人
	伊奈伴恵
	大場悟
	山口陽介
DVDプレス	Pico house
撮影協力	松聲館、楽ちん堂CAFE、国営昭和記念公園

2016年10月5日　初版第1刷発行

著者　甲野善紀・甲野陽紀
発行人　川崎深雪
発行所　株式会社 山と溪谷社
〒101-0051　東京都千代田区神田神保町1丁目105番地　http://www.yamakei.co.jp/

印刷・製本 大日本印刷株式会社
◆商品に関するお問合せ先
山と溪谷社 カスタマーセンター　電話 03-6837-5018
◆書店・取次様からのお問合せ先
山と溪谷社 受注センター　電話 03-6744-1919　FAX 03-6744-1927

ISBN　978-4-635-03539-2

DVD MENU ハイビジョン映像 120分

このDVDのメニューと使い方

このDVDには、書籍で解説している「身体の使い方 77のコツ」のすべてが収録されています。書籍の流れに沿って、甲野善紀・甲野陽紀両先生が見本の動作を実際に示しながら、わかりやすくその動作のポイントを説明してくれます。今日からすぐに日常生活に応用できるコツが満載です。

メインメニュー

メインメニュー画面では、見たいチャプターを選択することができます。

このDVDはDVD再生機にディスクを入れると自動的に再生します(オートスタート)。再生が始まってからリモコンのメニューボタンを押すと、このメインメニューが出てきます。

メインメニューから①～⑤までのチャプターを選択すると、チャプター画面に飛ぶことができます。

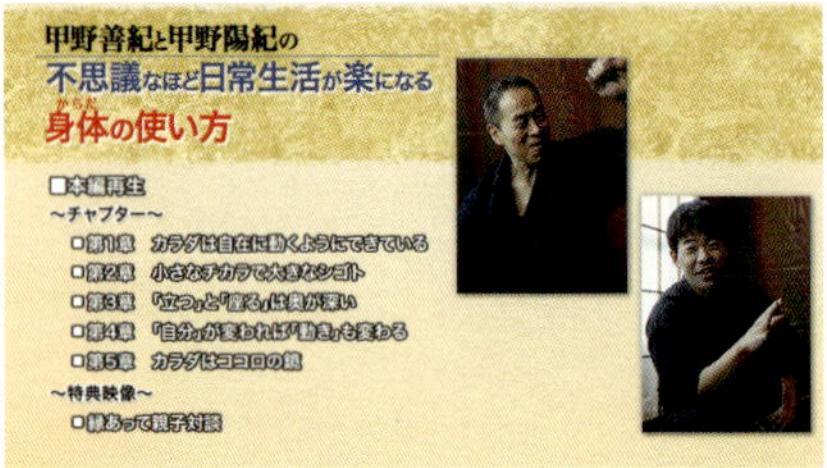

チャプターメニュー

メインメニューでページを選択すると、この画面に飛びます。どの日常動作から観るか、項目を選択することができます。

チャプターメニュー画面の、チャプターを選択すると見たい項目の映像と音声が再生されます。

メニュー画面の「NEXT」を選択すると次の画面に移り、「BACK」を選択すると前の画面に戻ります。「MAIN MENU」を選択するとメインメニューに戻ります。

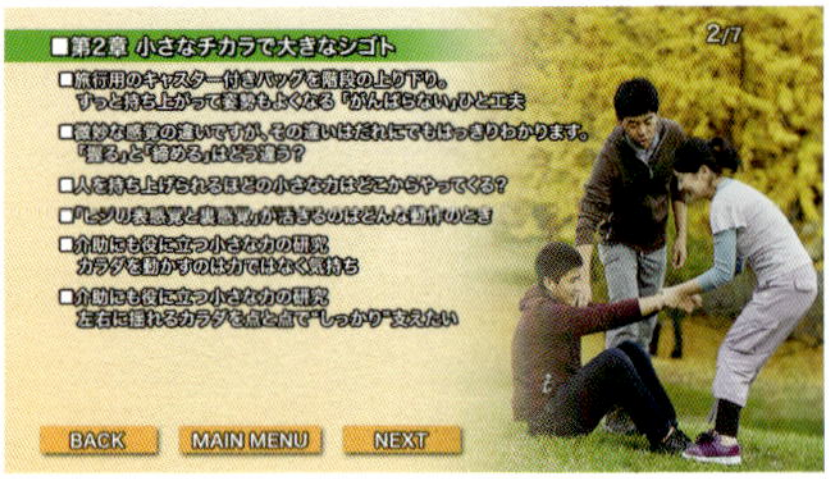

特典映像

メインメニュー画面の特典映像ボタンを選択すると、甲野善紀・甲野陽紀両先生の親子対談を見ることが出来ます。

「馬の絵を描く」「好きな物を見つける」「親から子へ」「技とは何か」「人は納得したい」「二人の共通点」「二人の違い」の7つのテーマが収録されています。公開の場ではじめて実現した貴重な親子対談です。

DOLBY DIGITAL 16:9 LB ALL NTSC COLOR/MPEG-2/DB-26